duo 3,/ 3,50 €

W0021057

Schuhe

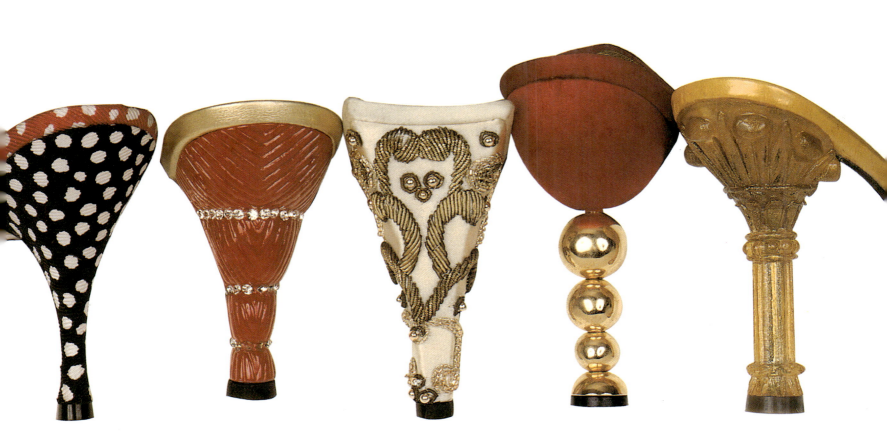

Angela Pattison
Nigel Cawthorne

Schuhe

Moden & Designs
im 20. Jahrhundert

In gleicher Ausstattung ist bei Bassermann bereits erschienen:
Handtaschen (ISBN 3-8094-0654-6)

Der Text dieses Buches entspricht der neuen deutschen Rechtschreibung.

ISBN 3 8094 0655 2

© der deutschen Ausgabe 1998 by Bassermann'sche Verlagsbuchhandlung, 65527 Niedernhausen/Ts.
Copyright © der englischen Originalausgabe 1997 by Quarto Publishing plc
Originaltitel: A Century of Shoes
Die Verwertung der Texte und Bilder, auch auszugsweise, ist ohne Zustimmung des Verlags urheberrechtswidrig und strafbar. Dies gilt auch für Vervielfältigungen, Übersetzungen, Mikroverfilmung und für die Verarbeitung mit elektronischen Systemen.

Umschlaggestaltung: Elisabeth Berthauer
Bildnachweis: siehe Seite 160
Übersetzung: Inge Uffelmann
Redaktion: René Zey/Ralf Labitzky
Satz und Herstellung: Königsdorfer Medienhaus, Frechen

Die Informationen in diesem Buch sind von Autoren und Verlag sorgfältig erwogen und geprüft, dennoch kann eine Garantie nicht übernommen werden. Eine Haftung der Autoren bzw. des Verlags und seiner Beauftragten für Personen-, Sach- und Vermögensschäden ist ausgeschlossen.

Gesamtkonzeption: Bassermann'sche Verlagsbuchhandlung, D-65527 Niedernhausen/Ts.

817 2635 4453 6271

Inhalt

Einleitung 6

Erster Teil

1 Tanzschuhe und Pumps 12

TRENDSETTER DES STILS · ANDREA PFISTER · JOAN & DAVID

2 Slipper und Pantoletten 23

DER SANFTE TRITT · MANOLO BLAHNIK

3 Abendschuhe 35

HÖHEPUNKT DER FRIVOLITÄT · CHARLES JOURDAN · ROGER VIVIER

4 Stöckelschuhe 50

DER ABSATZ ALS PROVOKATION · AZAGURY · PRADA

5 Sandalen 62

EINE UNSTERBLICHE MODE · SALVATORE FERRAGAMO

6 Clogs, Plateausohlen und Keilabsätze 72

AUF HOHEN SOHLEN · VIVIENNE WESTWOOD · JAN JANSEN

7 Schnürhalbschuhe 84

BROGUES, OXFORD- UND DERBYSCHUHE · LOBB OF ST. JAMES'S · JOHNSTON & MURPHY

8 Slipper und Mokassins 94

MODE AUF WEICHEN SOHLEN · PATRICK COX

9 Stiefel 104

ZUM MARSCHIEREN GEMACHT · DR. MARTENS

10 Funktionalität und Kultstatus 122

EIN GEFÜHL DES SCHWEBENS · TRAININGSSCHUHE

Zweiter Teil

Ein Jahrhundert der Schuhe 1900–2000 134

UM 1900 · 20ER JAHRE · 30ER JAHRE · 40ER JAHRE · 50ER JAHRE · 60ER JAHRE · 70ER JAHRE · 80ER JAHRE · 90ER JAHRE · DAS JAHR 2000 UND DIE ZUKUNFT

Register 156

Bildnachweis 160

Einleitung

Der elegante Spangenschuh mit seitlich geknöpftem Riemchen hat einen Absatz mit Glas- und Metallstücken und eine dekorative Ziersteppung auf dem Blatt.

Mit kleinen silbernen Pailletten bestickter Abendschuh aus schwarzem Wildleder mit geschwungenem Bobine-Absatz.

Noch im 19. Jahrhundert genoss das Handwerk des Flickschusters wenig Ansehen: Der Schuhmacher rangierte neben dem Zimmermann, dem Schmied und der Näherin. Einen Schuh zu entwerfen und zu gestalten galt nicht als eigenständige oder gar künstlerische Leistung, sondern war einfach Teil des natürlichen Prozesses der Schuhherstellung. Der Schuhdesigner – als eine eigenständige Berufsbezeichnung – ist ein europäisches Phänomen des 20. Jahrhunderts. In Amerika dagegen setzte sich früh die moderne Massenproduktion von Schuhen durch und verdrängte binnen weniger Jahre das individuelle Handwerk fast völlig.

An der Ostküste Amerikas, wo sich die ersten Kolonisten niedergelassen hatten, war es zunächst üblich, dass die Farmer während der Wintermonate die Schuhe der Familie selbst herstellten – eine Arbeit, an der alle Familienmitglieder beteiligt waren. Als einige handwerklich geschickte Leute besondere Fähigkeiten bei dieser Arbeit entwickelten, ergab es sich von ganz allein, dass sie sich auf dieses Handwerk spezialisierten und kleine Betriebe gründeten. In einer 1750 in Lynn, Massachusetts, eröffneten Werkstatt ging man noch einen Schritt weiter. Anstatt jeden Angestellten allein einen ganzen Schuh anfertigen zu lassen, hatte jeder Arbeiter einen ganz bestimmten Arbeitsgang auszuführen. Der eine schnitt Oberleder zu, der andere Sohlen, und ein Dritter nähte die Teile zusammen.

Anfangs wurden die Schuhe noch individuell nach Maß gefertigt, doch um die Arbeiter auch in wirtschaftlich mageren Zeiten zu beschäftigen, ließ man sie unbestellte Schuhe herstellen, die als Fertigware im Schaufenster der Werkstatt ausgestellt wurden. Die Gebrüder Harvey beluden einen Wagen mit Fertigschuhen und verkauften sie in der näheren Umgebung. 1793 eröffnete in Boston ein Geschäft, in dem man mittwochs und samstags Schuhe kaufen konnte.

Seit Mitte des 18. Jahrhunderts waren Erfinder damit beschäftigt, funktionstüchtige Nähmaschinen zu entwickeln. 1790 stellte der Engländer Thomas Saint eine speziell für die Lederverarbeitung konstruierte Maschine vor, die nicht viel mehr war als eine mechanische Ahle, die ein Loch ins Leder bohrte.

Der englische Ingenieur Sir Marc Isambard Brunel, der vor allem als Ingenieur des Hafens von New York von sich reden gemacht hatte, erfand eine Maschine, mit deren Hilfe die Sohle und das Oberleder durch Metallstifte verbunden werden konnten. Als Teil der Kriegsanstrengungen der Briten gegen

EINLEITUNG

Napoleon wurden in Brunels Werkstätten Kriegsinvaliden eingesetzt, die bis zu 400 Paar Schuhe täglich produzierten. Mit Beendigung der Kriege wandte sich die britische Schuhindustrie jedoch wieder der Herstellung per Hand zu. In Amerika war 1810 eine ähnliche Maschine wie die Brunels aufgekommen; auch zwei Franzosen – Gengembre und Jolicière – entwickelten Maschinen. Ein Schuhmacher namens Brecht aus Stuttgart experimentierte mit Schrauben, um Oberleder und Sohle aneinander zu befestigen, doch war es der Amerikaner Nathaniel Leonard aus Merrimac in Massachusetts, der die Nagelmaschine 1829 wirkungsvoll verbesserte. Um 1812 baute Thomas Blanchard aus Sutton, Massachusetts, eine Drehbank für Gewehrkolben so um, dass man in Fußform gestaltete Holzleisten damit herstellen konnte. Um 1830 begannen die Schuhmacher in Neuengland damit, das Oberleder nach Schablonen zuzuschneiden, anstatt sich auf die individuellen Fähigkeiten eines Lederschneiders zu verlassen. In den 40er Jahren eingeführte Walzmaschinen drückten das Leder für das Fersenteil in gerundete Form.

1846 ließ sich Elias Howe aus Spencer, Massachusetts, eine Nähmaschine patentieren, die eigentlich zum Nähen von Stoff konstruiert war, aber auch Leder nähen konnte, wenn man gewachsten Faden benutzte. Drei Jahre später stellte Isaac M. Singer sein verbessertes Nähmaschinenmodell mit Tretkurbel vor, und Lyman B. Blake erfand 1858 eine Maschine, mit der man die Schuhsohlen an das Oberleder nähen konnte. Ein gewisser Herr McKay verbesserte diese Maschine dann nochmals.

Wadenhohe französische Stiefeletten mit Bobine-Absatz aus der Zeit um 1900 (*oben links*). Die mit Bändern geschnürten Satinstiefeletten sind reich mit floralen Mustern bestickt. Die aus Leder und Seide gefertigten, extrem langen Slipper (*oben rechts*) entstanden um 1830 in den USA. Sie kennen noch keinen Unterschied zwischen rechtem und linkem Schuh.

Hölzerner Schuhspanner mit Scharnier (*unten*) aus der Zeit um 1904.

7

EINLEITUNG

Herrenschnürschuh mit Holzsohle und Metallplättchen als Spitzenschutz (*oben links*), Belgien 1943. Beigefarbener Wildlederpumps (*oben rechts*). Das ungewöhnlich weit nach oben gezogene Sohlenleder ergibt an der Seite ein dekoratives Wellenmuster.

In der Zwischenzeit wurden in Europa Schuhe weiterhin von Hand gefertigt. Erst gegen Ende des 19. Jahrhunderts zwangen die wirtschaftlichen Bedingungen auch hier zu einer Umstellung auf Maschinenproduktion. Da alle Patente in amerikanischer Hand waren, mussten Maschinen in Amerika gekauft und für ihre Benutzung Tantiemen gezahlt werden.

In Italien dauerte die Tradition der handgefertigten Schuhe bis weit in das 20. Jahrhundert hinein an, während in Frankreich die Schuhherstellung eng an die Haute Couture gebunden war – und diese legte keinerlei Wert auf Massenproduktion.

Initiator der Haute Couture war der 1845 nach Paris gekommene Engländer Charles Frederick Worth, der hier 1858 in der Rue de la Paix 7 einen Modesa-

Anatomie eines Schuhs

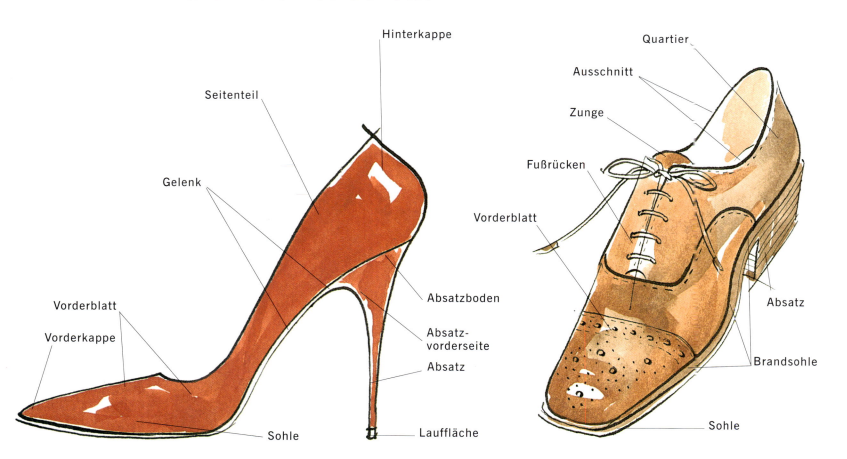

lon eröffnete. Als Erster unter den Modemachern stellte er zu jeder Saison eine eigene Kollektion vor, die – auch das war neu – von Mannequins vorgeführt wurde und von Schneiderinnen nachgearbeitet werden konnte. Seine erste große Chance kam, als die Gattin des österreichischen Botschafters, Pauline Fürstin Metternich, bei einem Hofball eine seiner Kreationen trug. Worth avancierte daraufhin zum Schneider von Kaiserin Eugénie von Frankreich und Königin Victoria von England. Er führte die Krinoline ein und lancierte die Turnüre, die in den 70er und 80er Jahren des 19. Jahrhunderts die Damenmode beherrschte. Als führender Modedesigner seiner Zeit bestimmte er alle Richtungen und Strömungen bis zu seinem Tod im Jahre 1895. Seine Söhne Gaston und Jean-Philippe führten das Haus weiter, erkannten aber bald, dass der Zeitgeschmack sich änderte, und so stellten sie 1901 den erst 21-jährigen Paul Poiret als Modeschöpfer in ihrem Unternehmen ein.

Bald trugen die berühmtesten Frauen der Zeit Poirets avantgardistische Entwürfe. Poiret jedoch machte sich wenig später selbstständig. Inzwischen hatten auch andere Modeschöpfer – darunter Madame Paquin, Madeleine Chéruit und Jacques Doucet – ihre eigenen Salons und Geschäfte eröffnet, und so etablierte sich Paris als Mittelpunkt der Mode.

Die meisten Schuhmacher arbeiteten anonym für diese Modehäuser, einige aber machten sich mit ihren Entwürfen einen Namen als unabhängige Schuhmacher. Damen, die sich bei Poiret oder Paquin einkleideten, erstanden ihre Schuhe bei Chapelle in der Rue Richelieu oder bei Ferry in der Rue de la Grange Battelière.

François Pinet in der Rue Poissonière war der modischste dieser *Bottiers*. 1817 als Sohn eines Flickschusters geboren, lernte er das Handwerk des Schuhmachers bei seinem Vater. 1855 kam er nach Paris, heftete sich an Worths Rockschöße und erwarb sich bald ein beachtliches Renommee bei den Kundinnen, vor allem durch den von ihm kreierten Pinet-Absatz, der dünner und gerader war als der sehr stark geschweifte, weiter vorn sitzende Louis-quinze-Absatz. Er wurde, da er an eine Fadenspule erinnerte, auch Bobine-Absatz und in Deutschland etwas abfällig »Pfeifenkopf« genannt. Als sich Pinet

Domenick DiMeola, Schuhmachermeister der Firma Johnston & Murphy, bei der Arbeit an einem Herrenschuh.

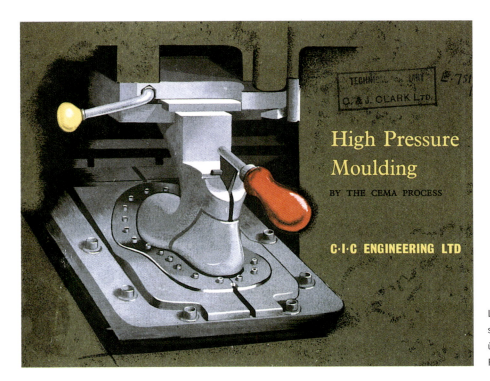

Leistenmaschine für Herrenschuhe. Das Leder wird straff über die fest eingenietete Fußform gezogen.

EINLEITUNG

Diese Abendschuhe aus rosa Satin mit reicher Strassverzierung entwarf Delman exklusiv für die Sängerin und Schauspielerin Marlene Dietrich.

zur Ruhe setzte, führte sein Sohn das Geschäft weiter; bis zum Ausbruch des Zweiten Weltkriegs waren Pinet-Schuhe berühmt für ihre Eleganz.

Während Pinets Geschäfte in Paris und London Tausende von Kunden anlockten, konnte ein anderer Schuhdesigner, der sein Geschäft in Paris während des Ersten Weltkriegs eröffnet hatte, mit nur 20 exklusiven Kunden prahlen. Sein Name war Pietro Yanturni; er selbst bezeichnete sich als »teuersten Schuhmacher der Welt«. Einige seiner Schuhe stehen heute im Metropolitan Museum of Modern Art in New York.

Auf Yanturni folgte André Perugia, ein junger Schuhdesigner aus Nizza, der sein Handwerk ebenfalls bei seinem Vater gelernt hatte, einem gebürtigen Italiener. Poiret holte Perugia nach Paris, wo er für verschiedene Modehäuser arbeitete. 2000 seiner Schuhe stehen heute im Musée de la Chaussure in Romans in Frankreich.

Salvatore Ferragamo, ein junger italienischer Schuhmacher, führte das Handwerk des Schuhmachens wieder in den Vereinigten Staaten von Amerika ein, wohin er 1914 – als 16-jähriger – emigrierte. In Hollywood stellte er Schuhe für die noch junge Filmindustrie her. Bald wurden auch die Stars auf ihn aufmerksam. Als er 1927 nach Italien zurückkehrte, hielten ihm die Berühmtheiten der Zeit die Treue, auch Eva Braun – Hitlers Lebensgefährtin – gehörte zu seinen

Kundinnen. 1936 kreierte Ferragamo die dicke Sohle und den Keilabsatz aus Kork, die mehr als ein Jahrzehnt in Mode blieben. Nach seinem Tod im Jahre 1960 gingen einige ausgewählte Entwürfe als Wanderausstellung um die Welt.

Ein junger Engländer namens David Evins folgte Ferragamo in den 40er Jahren an die amerikanische Westküste und wurde dort der bevorzugte Schuhdesigner der Stars. Später produzierte er Kollektionen für New Yorks berühmte Modeschöpfer Bill Blass und Oscar de la Renta. In Paris ging in der Zwischenzeit der legendäre Roger Vivier für Christian Dior ans Werk. Ihm wird die Erfindung des Bleistiftabsatzes zugeschrieben.

Inzwischen ist eine neue Generation von Schuhdesignern, Europäern wie Amerikanern, herangewachsen, und auch deren Schuhe sind bei Kunden, Modehäusern und Museen gefragt. Namen wie Manolo Blahnik, Joan Halpern, Maud Frizon, Beth und Herbert Levine, Andrea Pfister, Jan Jansen, Patrick Cox und Christian Louboutin werden später sicherlich einmal so geschätzt sein wie die ihrer berühmten Vorgänger.

Bruno-Magli-Pumps.

Pantoletten von Gucci mit hohen Bleistiftabsätzen. Es bedarf der ausgereiften Technologie des 20. Jahrhunderts, damit derart hohe Absätze nicht brechen.

Tanzschuhe und Pumps

Pumps gelten salopp ausgedrückt als »das kleine Schwarze« unter den Schuhen: allgegenwärtig und doch in seiner Schlichtheit so elegant, als hätte es diesen Schuh schon immer gegeben. Ebenso wie das berühmte »kleine Schwarze« verdankt auch der Pumps der Modeschöpferin Coco Chanel seine Popularität.

Der Pumps ist ein geschlossener, dennoch ausgeschnittener Schlupfschuh, der den Fuß fest genug umfasst, um gut zu sitzen. In seiner Grundform hat er keine Riemen, Senkel oder anderen Verschlüsse; Ferse und Zehen sind bedeckt, der Absatz ist nur mäßig hoch. Auch Schuhe mit Fersenriemen werden als Pumps bezeichnet – man nennt sie dann Slingpumps –, sofern sie der Linie des Pumps folgen.

Oben: Mit goldenen Pailletten und Stickerei verzierte Pumps mit Louis-quinze-Absatz, in Italien um 1790 von Della Bella entworfen.
Rechts: Schlichte Pumps in sehr langer Form aus Leder, das in den Regenbogenfarben schillert; eine Kreation von Johnny Moore von 1997, die an die Schuhmode des 17. Jahrhunderts erinnert.

TANZSCHUHE UND PUMPS

Pumps aus Brokat für den Abend mit zartlila Innenfutter, dessen Farbe sich auf der Schmuckrosette aus Satin mit einem Strassstein in der Mitte wiederholt. Die Schuhe wurden um 1914 in Frankreich hergestellt.

TRENDSETTER DES STILS

Eleanore von Aquitanien (1122–1204), zunächst Ehefrau Ludwigs VII. von Frankreich, dann Heinrichs II. von England, gilt als die erste Schirmherrin höfischer Kultur in Westeuropa. Da sie eine Mäzenin der weltlichen Künste war, vor allem der von ihrem Großvater Wilhelm IX. von Aquitanien eingeführten weltlichen Liebeslyrik – des Minnesangs –, erhielt sie bald den Beinamen Königin der Troubadoure. An ihrem sinnenfreudigen Hof, der auch der Kleidung einen neuen Stellenwert einräumte, dürften die ersten Vorläufer des heutigen Pumps getragen worden sein. Aus dem sehr spitz zulaufenden Schlupfschuh – die extreme und sicher nicht sehr bequeme Spitze nannte man *Pigache* – entwickelte sich später der Schnabelschuh. Beide Formen kannten jedoch noch keine Absätze. In Spanien trug man allerdings ab etwa 1300 den *Chopine* genannten Stelzpantoffel unter dem Schlupfschuh. In anderen Teilen Europas trugen Männer wie Frauen später Trippen unter den Schnabelschuhen – eine hölzerne Untersohle mit zwei Stegen, die den Schuh vor Straßenschmutz schützte.

Erst um 1600 kam der Absatz auf – zunächst für den Reitstiefel, dann für den Herrenschuh, zuletzt für den Damenschuh. Der nach Ludwig XV. benannte Louis-quinze-Absatz war charakteristisch für den Damenschuh des Rokoko. Da die Grundfläche dieses stark geschweiften Absatzes fast in der Sohlenmitte lag, konnte man nicht gut darauf laufen; der Schuhdesigner Pinet veränderte den Absatz um 1870 zum Bobine-Absatz, der in Deutschland abwertend »Pfeifenkopf« genannt wurde.

Diese extrem lang gezogenen Pumps mit ihren filigranen Zierspangen wären sicherlich der Stolz eines jeden Heavy-metal-Rockers. Tatsächlich wurden sie um die Jahrhundertwende in St. Petersburg in Russland hergestellt und vermutlich als Ballschuhe getragen.

Eine Seite aus einem New Yorker Warenhauskatalog von 1958, der vor allem Knöchelriemenpumps für Mädchen anbietet.

14

Ein fein mit Glasperlen und einem Strassanstecker verzierter cremefarbener Seidenpumps von Bally, 1904.

1926 hergestellter Pumps von Bally. Der taupefarbene Lederschuh hat eine Verzierung aus Perlmutt.

Als nach dem Ende des Ersten Weltkriegs die Röcke deutlich kürzer wurden, kam dem Frauenfuß, und damit dem Schuh, eine ganz neue Bedeutung zu. 1919 machte der Fotograf Baron de Meyer für die Zeitschrift *Vogue* unter dem Titel »Neue Schuhe für Aschenputtel« eine erste Bildreportage zum Thema Schuhe. Sie macht deutlich, dass der Schuh zu einem modischen Accessoire geworden war.

Chanels einflussreiche Eleganz

Die Modeschöpferin Gabrielle »Coco« Chanel kreierte in den 20er Jahren einen einfachen und doch sehr eleganten Modestil. Von der Einengung des Korsetts war die Frau bereits befreit; nun kam mit Chanels Jacken-, Hemdblusen- und Kittelkleidern ein neuer, legerer Stil auf. 1926 hatte Chanel dem bis heute in vielerlei Abwandlungen noch immer beliebten »kleinen Schwarzen« zum Durchbruch verholfen. Als Verfechterin eines ganzheitlichen Stils stellte sie auch Schuhe vor. Inspiriert zu ihrem schlichten Schlupfschuh mit kleinem Absatz hatte sie ein Bildnis der Heiligen Ursula, ein Gemälde aus einem Zyklus des venezianischen Renaissancekünstlers Vittore Carpaccio. Das war sozusagen die Geburtsstunde des modernen Pumps, der seinerseits eine Art »kleines Schwarzes« unter den Schuhen darstellt.

Die Palter-Dynastie

Der Name Palter war drei Generationen lang mit amerikanischer Fußbekleidung verknüpft. 1919 wurde die Dan Palter Shoe Company gegründet. 1927 tat sich Dan Palter mit Jim de Liso zusammen und änderte den Namen in Palter de Liso. Unter diesem Namen blieb die Firma bis zu ihrer Schließung 1975 bestehen.

In den 20er, 30er und 40er Jahre gehörte Dan Palter mit Andrew Geller, Charles Miller und Seymour Troy zu den führenden Firmen der New Yorker Modeindustrie. 1937 bekam er den angesehenen Neiman Marcus Award für die Einführung der Plateausohle und den vorne offenen Slingpumps – Stilrichtungen, die die Schuhmode zehn Jahre lang beherrschten. Er gewann auch den Coty Fashion Award und gehörte zu den Gründern der Color Co-op, die in den 30er Jahren gefärbte Leder auf den Markt brachte.

Dan Palters Sohn Dick übernahm die Firma und leitete sie bis 1975. Dann gründete er die Marke Robert Gil, die bis 1992 bestand; danach arbeitete er als Berater in der Schuhbranche. Der zweite Sohn, Buddy, stieg schon in den 40er Jahren aus dem Familienunternehmen aus. Bis 1969 war er im Vorstand bei Palazzio. Dann erwarb er die amerikanischen Exklusivrechte für den Vertrieb der Schuhe von Bruno Magli und machte diesen Namen zu einem der größten in der amerikanischen Modeszene der 70er und 80er Jahre. Sein Sohn Scott leitet Bucci, eine Firma, die die angesehene Schuhkette St. John führt.

Dieser 1904 von Bally in der Schweiz hergestellte, mit kleinen Perlen besetzte Pumps mit Bobine-Absatz wurde passend zu einer feinen Abendrobe kreiert. Der ganz aus Leder gefertigte Schuh hat als Zier eine perlenbesetzte Zunge.

TANZSCHUHE UND PUMPS

Zwischen 1920 und 1924 in England hergestellte Pumps mit hoher Zunge und Bobine-Absatz aus Seide mit aufwändigem Blumendruck.

Der Pumps des André Perugia

Wie bei allem, was Chanel vorstellte, fanden sich auch hier rasch Nachahmer. Vor allem der Schuhmacher André Perugia entdeckte den Pumps für sich. Aus Nizza nach Paris gekommen, sollte er bald der Erste unter den bekannten Schuhdesignern des 20. Jahrhunderts werden. Bis dahin hatte man die Herstellung von Schuhen als recht minderwertiges Handwerk erachtet; doch als die Röcke kürzer wurden und damit die Schuhe ins Blickfeld gerieten, wurden sie als Zubehör so wichtig wie der Hut und die Handtasche. Ein begabter, guter Schuhmacher konnte nun so berühmt werden wie eine Putzmacherin oder gar ein Couturier.

Perugia hatte sein Handwerk in der Schusterwerkstatt seines Vaters in Nizza gelernt; bereits mit 16 Jahren eröffnete er einen eigenen Laden. Zu seinen ersten Kundinnen gehörte die Frau des Besitzers des »Negresco«, eines berühmten Strandhotels. Da der Hotelier Perugia erlaubte, seine Modelle im Foyer des Hotels auszustellen, kam er schnell mit einer reichen Kundin in Kontakt, die ihre Kleider beim Pariser Star-Couturier Paul Poiret fertigen ließ und dem Maestro von dem begabten Schuhmacher berichtete.

Poiret lud Perugia in seinen Salon nach Paris, doch der Ausbruch des Ersten Weltkriegs verhinderte eine Zusammenarbeit. 1920 kam Perugia abermals nach Paris und eröffnete in der Rue du Faubourg-St-Honoré ein Geschäft. Nun belieferte er nicht nur Poiret, sondern alle großen Couturiers seiner Zeit. Zu seinen Kundinnen gehörten der große Stummfilmstar Pola Negri ebenso wie Mistinguette, die Königin des französischen Vaudeville, deren Beine Perugia die Möglichkeit gaben, seine Schuhe werbewirksam vorzustellen.

Nach Ende des Zweiten Weltkriegs aber begann Perugias Stern zu verblassen. Doch zwischen 1962 und 1965 tat er sich mit dem französischen Schuhfabrikanten und -designer Charles Jourdan zusammen. Kurz danach setzte er sich zur Ruhe und vermachte seine Schuhsammlung Jourdan. Dieser fuhr in der Tradition Perugias fort, elegante Pumps zu entwerfen.

David Evins

Seit den 40er Jahren galt David Evins als der »Schuhmacher der Stars«. Er arbeitete in Hollywood und mit den Topdesignern New Yorks. Seine Fähigkeit, dem schlichten Pumps mit geringsten Mitteln großen Glanz zu verleihen, brachte ihm den Ehrentitel »König des Pumps« ein.

In England geboren wanderte Evins mit 13 Jahren in die Vereinigten Staaten aus und studierte am Pratt Institute in New York Modeillustration. Nach Beendigung des Studiums arbeitete er zunächst als Schuhillustrator bei einer Modezeitschrift, was ihn dazu anregte, Schuhe zu entwerfen. Seine ersten Entwürfe verkaufte er an Schuhfabriken. 1941 ging er dann mit Israel Miller, einer der größten Firmen in der Fußbekleidungsindustrie, eine Partnerschaft ein und stellte unter seinem eigenen Namen Schuhe her.

Solange Evins Schuhe für die Massenproduktion entwarf, musste er seine Kreativität im Zaum halten. Da der Pumps der beliebteste Schuh jener Tage war, konzentrierte er sich vor allem auf ihn.

Zugleich machte er sich aber auch als Schuhmacher, der Maßarbeit für die Berühmten und Reichen lieferte, einen Namen. Fast alle Frauen des öffentlichen Lebens in Amerika trugen Schuhe von Evins; bei diesen Modellen ließ er seiner Fantasie freien Lauf.

Maßschuhe stellte Evins grundsätzlich selbst von Hand her, und trotz seiner Schwäche für ungewöhnliche Dekorationen sind seine Schuhe klassisch und bequem.

In Hollywood wurde Evins berühmt, nachdem er für die kleinwüchsige Schauspielerin Carmen Miranda einen Krokodillederschuh mit Keilabsatz entworfen hatte. Später fertigte er Schuhe für Elizabeth Taylor, Lena Horne, Ava Gardner und Grace Kelly. Und er kreierte nicht nur deren Privatschuhe, sondern auch die, die sie in ihren Filmen trugen. Neben den Filmstars gehörte auch die Herzogin von Windsor zu seinen Kundinnen. Evins arbeitete mit Designern wie Geoffrey Beene, Bill Blass und Oscar de la Renta zusammen. Er entwarf auch die Schuhe, die Nancy Reagan bei den Amtseinführungen ihres Mannes 1980 und 1984 trug.

16

Rechts: Ein Paar rote Lederpumps aus der Zeit um 1930 der englischen Firma Manfield and Sons. Das reich verzierte Vorderblatt ist durchbrochen und erzeugt einen Riemcheneffekt.

In den 20er Jahren bestand Perugia darauf, dass der Schuh – auch der Tanzschuh – einen hohen Absatz haben müsse. Der gerundet bis spitz zulaufende Pumps mit einem einzelnen Riemen über dem Spann – der Spangenschuh – war so weit verbreitet, dass man ihn als den typischen Schuh dieser Dekade bezeichnen kann.

Schuhe mit zusätzlicher Zunge waren 1922 in Mode, tief ausgeschnittene Pumps waren 1923 und über Kreuz laufende Riemen 1924 en vogue. Doch welche Modeströmung auch vorherrschte, der Pumps hatte die Herzen der von den langen Röcken befreiten Frauen erobert.

Filme, Stars und Pumps

Den größten Eindruck auf die Frauen machte der Pumps durch den jetzt vermehrt aufkommenden Film und durch den 1898 in Italien geborenen Salvatore Ferragamo. Dieser war 1914 in die USA ausgewandert und hatte 1923 in Hollywood eine Werkstatt eröffnet, in der er vor allem die Sandalen für Cecil B. DeMilles großen Film *Die Zehn Gebote* anfertigte.

Mit Unterstützung dieses Filmmoguls erhielt Ferragamo einen Vertrag bei der Paramount, der ihm erlaubte, die Schuhe für die großen Kostümfilme herzustellen. Hier schuf er Nachbildungen der an den Königshöfen im 17. Jahrhundert getragenen Schuhe; zugleich wuchs sein Ruf als Schuhmacher der Stars. In dieser Zeit machte Ferragamo eine entscheidende Entdeckung: Er stellte fest, dass das Körpergewicht nicht nur auf Ballen und Ferse ruht, sondern auf dem ganzen Fuß, und entwickelte einen schmalen, elastischen Stahlstreifen, der zwischen Sohle und Ab-

Fortsetzung auf Seite 20

Pumps in auffälligem Pink mit hauchfeiner Silberborte und Bindeschleife. Die von Joseph Box in der Zeit zwischen 1924 und 1927 hergestellten Schuhe passten zu den »Hängern« der Zeit.

Zwei Pumps der 20er Jahre aus dem Hause Bally. Beide sind reich dekoriert; der untere Schuh hat die zeitweilig sehr beliebte, auffällige Lasche.

DESIGNERPROFIL

Andrea Pfister

Andrea Pfister hält seine Kreationen für feminin, sexy und perfekt gemacht. »Ein Schuh«, so sagt er, »muss nicht nur gut aussehen, sondern auch bequem sein, denn wenn einer schönen Frau der Schuh drückt, wird sie hässlich.«

Andrea Pfister wurde 1942 in Pesaro, in Italien, als Sohn Schweizer Eltern geboren. Er besuchte die Schule in der Schweiz und studierte dann in Florenz Kunst und Sprachen. 1961 setzte er seine Ausbildung zum Designer in Mailand fort und gewann bereits 1962 einen internationalen Designerwettbewerb in Amsterdam.

Im selben Jahr ging er nach Paris, wo er für die Couturehäuser Lanvin und Jean Patou Schuhe entwarf. 1965 präsentierte er die erste Kollektion unter seinem Namen; zwei Jahre später eröffnete er in Paris sein erstes Geschäft. 1968 kehrte er nach Italien zurück, wo er in einer kleinen gemieteten Werkstatt seine eigenen Kollektionen produzierte. 1974 eröffnete er in Vigevano einen eigenen Betrieb, wo er neben seinen eigenen Kollektionen auch für Mariuccia Mandelli, die unter dem Label Krizia ihre Kleider verkauft, Schuhe und andere Accessoires wie Taschen, Gürtel, Tücher und Schmuck entwarf. Nachdem er in Paris ein zweites Geschäft eröffnet hatte, stieg er 1976 in das Prêt-à-porter ein.

In ihrer handwerklichen Machart und der Aufmerksamkeit, die dem Detail geschenkt wird, sind Pfisters Schuhe durch und durch italienisch. Zugleich liebt Pfister das Originelle: Gern greift er ein Thema heraus – das Meer, den Sternenhimmel, Musik, den Zirkus, Las Vegas –, um das herum er dann improvisiert. 1975 gestaltete er einen gelben Pumps mit einem Cocktailglas als Absatz – selbstverständlich mit Zitronenscheibe. Er nannte die Kreation »Dry Martini«. Eine Schlangenledersandale mit einem Saxophon auf der Oberseite heißt »Jazz«. Pfister liebt sowohl flache Schuhe als auch sehr hohe Absätze, doch akzeptiert er auch Kompromisse, um einen Schuh bequem zu machen.

Vor allem ist Pfister für den Einsatz kräftiger Farben berühmt. »Farben, Materialien und klare Linien sind mir sehr wichtig«, sagt er. Zweimal im Jahr zieht er sich für jeweils zwei Monate zurück und entwirft eine neue Kollektion. Ausgangspunkt ist dabei immer die Farbe; danach erarbeitet er Form, Proportionen und Stil. Passende Farben bei völlig unterschiedlichen

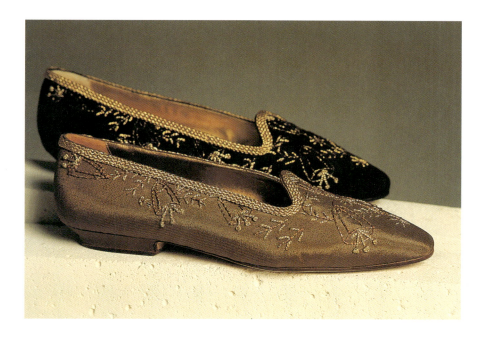

Diese Satinslipper aus der Winterkollektion 1978/79 nannte Pfister »Dandy«. Die Schuhe sind mit Stickerei aus Seidenfaden verziert und mit geflochtener Seidenschnur – so genannter Soutache – besetzt.

Materialien wie Wild- und Reptilleder bilden oft die Grundlage seiner Kollektionen; außerdem setzt er Stickerei, Seide, Plastik und Strass zur Verzierung ein. Ornamentierung spielt eine wichtige Rolle bei ihm: Mit Pailletten, Glimmer und Schmucksteinen verziert er nicht nur das Vorderblatt, sondern auch den Absatz. Pfister liebt Applizierungen und umhüllt den ganzen Schuh mit den unterschiedlichsten Motiven – mit Pferden etwa, mit Fröschen oder Farbtuben.

Seine Klientel, zu der neben Elizabeth Taylor auch Madonna gehört, bleibt ihm treu, obwohl sich Pfister konstant weigert, klobige Schuhe zu kreieren. »Schwer ist hässlich«, sagt Pfister. »Schwere, klobige Schuhe habe ich nie gemocht, und ich werde nie welche herstellen, selbst wenn sie wieder modern werden sollten. Meine Kundinnen mögen sie nicht.« Seine typische Kundin ist die Frau, die Stücke verschiedener Designer mischt, die also beispielsweise zu einem Top von Armani einen Rock von Donna Karan kombiniert und dazu eine Jacke von Ferré trägt. Pfister glaubt, dass seine Schuhe am besten zu einer Frau passen, die selbstsicher genug ist, ihre eigenen Kombinationen zusammenzustellen.

Sein Lieblingsentwurf ist die 1979 geschaffene flache Riemchensandale »Deauville«. Das Original war aus Reptilleder – seinem Lieblingsmaterial – und hat unzählige Nachahmungen in verschiedensten Materialien, darunter auch Plastik, erlebt.

Sechs Entwürfe von Pfister. *Oben, von links nach rechts:* »Comédie«, mit dem er 1963 den Wettbewerb in Amsterdam gewann; »Hommage à Picasso«, Sommer 1985; »Delft«, Sommer 1990.
Unten, von links nach rechts: »Papageno«, mit Hahnenfedern besetzter Pumps, 1982; »La Vie en Roses«, Sommer 1991; »Festival«, mit Pailletten bestickter Pumps, 1989.

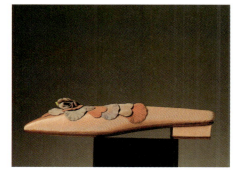

TANZSCHUHE UND PUMPS

Zwei schön geschnittene Pumps (*rechts oben* und *unten*), die in den 30er Jahren von Preciosa für Hérault in Frankreich hergestellt wurden.

Ein Spangenpumps aus Schlangenleder (*oben links*) aus den 30er Jahren und drei Pumps von 1926 (*unten links*). Darunter ein Schuh mit tief ausgeschnittenem Vorderblatt und T-Riemchen; alle von Preciosa für Hérault in Frankreich.

Dieser Wildlederpumps mit einem weit hoch gezogenem Vorderblatt, das mit einem Schnürband verziert ist, wurde zwischen 1932 und 1936 von Preciosa für Hérault in Frankreich hergestellt.

satz der Schuhe eingebaut wurde und das Fußgewölbe unterstützte. Das Körpergewicht wurde dadurch besser verteilt und die Schuhe konnten wesentlich schmaler und eleganter gefertigt werden.

Königin von Hollywood

Die Königin von Hollywood – Mary Pickford – und ihre Schwester Lottie kauften Schuhe bei Ferragamo, dann folgte der Stummfilmstar Lillian Gish. Für Gloria Swanson schuf er Schuhe mit einem Absatz in Korkenzieherform, die mit Perlen, Edelsteinen und Gold verziert waren, und Pola Negri bestellte weiße, tief ausgeschnittene Pumps gleich dutzendweise, die sie jeweils zur Garderobe passend einfärben ließ.

Bald erhielt Ferragamo so viele Aufträge, dass er mit der Fertigung nicht mehr nachkam. Selbst als er zur Maschinenfertigung überging, fand er nicht genügend Fachkräfte in Kalifornien, um die zahlreichen Kundenwünsche erfüllen zu können. So ging er 1927 nach Italien zurück und ließ sich in Florenz nieder, wo er die Spezialisten fand, die er für seine Produktion benötigte. Von hier aus lieferte er weiter nach Kalifornien.

Obwohl man in den 20er Jahren den Pumps gern mit einer Schnalle oder Ähnlichem verzierte, erkannten Ferragamo, Perugia, Chanel und andere, dass nichts dem schlichten schwarzen Pumps aus Samt oder silberfarbenem Ziegenleder an Eleganz gleichkommt.

In den 30er Jahren begannen sich die Grenzen zwischen verschiedenen Schuhtypen zu verwischen. Der Pumps wurde breiter und lief vorn weniger spitz zu. Die Absätze wurden niedriger, obwohl – insbesondere beim Tanzschuh – auch höhere Absätze weiterhin beliebt waren. Ab 1937 verdrängten Schuhe mit Keilabsätzen oder mit Plateausohlen sowie Sandalen den Pumps, doch Hollywood sei Dank erlebte er in den 50er Jahren ein Comeback.

20

Pumps für Hollywoodstars

Nachdem Ferragamo Kalifornien verlassen hatte, nahm David Evins seinen Platz ein. In England geboren, war er mit 13 Jahren nach Amerika ausgewandert und hatte am Pratt Institute in New York Modeillustration studiert. Bald ging er dazu über, selbst Schuhe zu entwerfen und für Schuhfabriken Prototypen herzustellen. Anfang der 40er Jahre wurde er Geschäftspartner von I. Miller und produzierte seine klassischen Pumps unter eigenem Namen; dies war sein Ticket nach Hollywood. Die großen Stars wie Lena Horne, Ava Gardner, Elizabeth Taylor oder Grace Kelly liebten es, ihre Beine vorzuzeigen, wenn sie die über dem Spann tief ausgeschnittenen Schuhe von Evins trugen, die die Beine länger erscheinen ließen. Bei ihrer Hochzeit mit Fürst Rainier von Monaco trug Grace Kelly von Evins entworfene Pumps mit niedrigem Absatz, damit sie den Bräutigam nicht überragte.

Hohe Absätze und großzügige Dekorationen

Roger Vivier wurde der nächste König des Pumps. Er hatte die Kriegsjahre in den Vereinigten Staaten zugebracht, wo er für den amerikanischen Hersteller Herman B. Delman Schuhe entwarf und modische Hüte kreierte. 1953 kehrte er nach Frankreich zurück und stellte seine beachtlichen Talente in den Dienst von Christian Dior. Dieser gestattete ihm – was selten vorkam –, seine Schuhe unter seinem eigenen Namen zu produzieren.

Bei Dior kreierte Vivier den Bleistiftabsatz, indem er den hohen Absatz einer italienischen Sandalette verbesserte und mit einem Pumps verband. Bald war er der unbestrittene Meister des Absatzes. Obwohl er sich die neuesten Errungenschaften der Technologie zu Nutze machte, ließ er sich für die Dekorationen vor allem vom ideenreichen 18. Jahrhundert inspirieren, denn seiner Ansicht nach galt der schlichte Pumps als ideale Leinwand. »Das Geheimnis besteht darin, die ältesten Formen ausfindig zu machen und sie mit Mitteln, die einem anderen Lebensrhythmus entsprin-

Die »Slicca« genannten farbenfrohen Schuhe der amerikanischen Firma Lamplighters spiegeln den Optimismus der Nachkriegszeit wider. Sie haben einen Bobine-Absatz und eine Zierschleife auf dem Spann; entworfen zwischen 1945 und 1948.

Gelber Pumps mit auffälliger Schnalle von Bruno Magli, 1955. Darunter ein roter Wildlederpumps von 1941 mit hoch gezogenem Vorderblatt und Verschlussriemchen, die einer seitlichen Ausschnitt frei lassen.

Dieser elegante zweifarbige Pumps mit Zickzackmuster, Karreekappe und Zierrat auf dem Vorderblatt wurde um 1936 von Hérault in Frankreich hergestellt.

DESIGNERPROFIL

Joan & David

Joan Halpern schloss gerade in Harvard ihr Psychologiestudium ab, als sie ihren Ehemann David traf, der als Präsident der Suburban Shoe Stores bereits einen Namen in der Schuhindustrie hatte. Als sie 1968 heirateten, hatte Joan keine Ahnung vom Schuhdesign.

Joan Halperns »Chanel«-Pumps ist inspiriert von Coco Chanels zweifarbigem Slingpumps.

Joan Halpern erkannte früh, dass Bedarf an modischen Schuhen bestand, die gut aussahen und nicht zu schnell unmodern wurden. Ihre Zielgruppe waren aktive, mitten im Leben stehende Frauen. Dementsprechend gestaltete sie ihre Entwürfe und gründete dann mit ihrem Mann die Firma Joan & David. Ihre ersten Schuhe waren ein leichter Schnürschuh und ein Pumps mit niedrigem Absatz, der zu den Hosen passte, die Ende der 60er Jahre modern waren.

Nachdem Joan ihr Handwerk bei einer kleinen Firma in Boston gelernt hatte, ließ sie sich zunächst in Cambridge, Massachusetts, nieder. Aus dieser ersten kleinen Firma entwickelten sich bald eine Schuhgeschäftskette und Boutiquen in großen Kaufhäusern, die auch Kleider und anderes Zubehör vertrieben.

Das Schuhdesign erlernte Joan, indem sie Kollektionen von Damenschuhen herstellte. 1977 wurde das Label Joan & David geschaffen, fünf Jahre später folgten dann auch Herrenschuhe und 1987 unter dem Label Joan & David Too eine preiswertere Kollektion. 1985 wurde in der Madison Avenue in New York das Hauptgeschäft eröffnet; später folgten Filialen rund um die Welt.

Halperns Schuhe strahlen Selbstsicherheit aus und sind sofort erkennbar. Sie stellt gute Pumps, Trotteurs mit Metalltrensen, Riemchensandalen und Tanzschuhe mit vernünftigem Absatz her. Bei den Farben tendiert sie zu neutralen klassischen Tönen und Grundfarben, die durch Metalle akzentuiert sind.

Ihre Entwürfe entstehen, während sie zwischen ihren weltweit verstreuten Geschäften, den Fabriken in Italien und den Wohnungen in den USA, in Italien und Frankreich hin und her pendelt. Zu ihrem chinesischen Pumps inspirierten sie die Schuhe eines Zimmermädchens im Mandarin Hotel in Hongkong, wo sie während der Eröffnung ihres dortigen Geschäftes wohnte. Inzwischen hat sich ihre Firma mit Ann Taylor und Calvin Klein Accessoires zusammengetan und stellt in Italien auch Handtaschen, anderes Zubehör und Prêt-à-porter-Mode her.

1978 erhielt Halpern den American Fashion Critics Coty Award für Design und 1986 den Cutty Sark Award für Herrenschuhdesign; außerdem wurde sie zum Footwear News Designer des Jahres ernannt. Zusammen mit anderen ausgezeichneten Designern erhielt sie 1993 den begehrten Michelangelo-Preis. Seitdem die Firma ihren Hauptsitz nach Italien verlagert hat, entsprechen die Schuhe mehr einem europäischen Stil. Ihre Zielgruppe ist jedoch nach wie vor die berufstätige Frau.

Joan Halperns Entwürfe – ob Pumps, Collegeschuh oder Slipper – sind für die aktive, moderne, berufstätige Frau gedacht.

Sieben Schuhe, die Emma Hope in den frühen 90er Jahren entwarf, darunter eine Pantolette und ein Slingpumps. Bis auf einen Pumps aus Spitze sind alle aus Wildleder.

gen, im Lichte einer neuen Ära zu reinterpretieren«, sagte er. Zu diesen Mitteln gehörten Samt und Satin, Perlen und Pailletten, Strass und Spitze, Federn, Glasfluss, Edelsteine und echte Juwelen. Die Grundsilhouetten seiner Schuhe wurden viel kopiert und erschienen überall in den Geschäften; für formelle Anlässe wurde der hohe Pumps geradezu obligatorisch.

Die Italiener schlagen zurück

Während in Paris Haute Couture gemacht wurde, verlagerte sich die Produktion von Schuhen nach Italien. 1951 verwirklichte sich die Idee des Schuhfabrikanten Giovanni Battista Giorgini, der in Florenz eine »Schuhparade« abhielt, um die Talente der Designer und Hersteller vorzuführen. Diese Verkaufsmesse machte zwei italienische Designer mit einem Schlag bekannt: Capucci und Valentino. Mario Valentino sollte später Schuhe für Amerikas First Lady – Jacqueline Kennedy – fertigen. Der Designer René Caovilla erwarb sich seiner technischen Verbesserungen und seiner stilistischen Ausgewogenheit wegen den Spitznamen »Cellini der Fußbekleidung«. Er fertigte Schuhe für Elizabeth Taylor und Sophia Loren an. Der Designer Sorelle Fontana stellte einen mit Spikes besetzten Damengolfschuh vor, dessen Absatz als winziger Globus gestaltet war. Als der nahtlose Strumpf ohne Fersenverstärkung aufkam, brach die Zeit des fersenfreien Slingpumps an.

Inzwischen arbeitete Coco Chanel in Paris zusammen mit Raymond Massaro an einem flachen Pumps. Ihr neues Design war ein zweifarbiger Schuh: ein Slingpumps mit niedrigem Absatz, beigefarbenem Korpus und schwarzer Kappe – bis heute Chanels Markenzeichen. Givenchy folgte 1955 mit seinem »Opernpumps«, der ebenfalls einen niedrigen Absatz hatte und über dem Spann gerade geschnitten war. Als Yves Saint Laurent 1957 die Leitung des Hauses Dior übernahm, favorisierte auch er den niedrigen Absatz und die gerundete Kappe; ein Stil, der sich *Young Look* nannte.

Der Pumps der 50er Jahre hatte eine mandelförmige Kappe und war seitlich und über dem Spann tief ausgeschnitten. Gegen Ende des Jahrzehnts wurden die Kappen wieder spitzer. Dior versah die Kappen auch mit einem Zehenausschnitt, doch hatten die flachen Pumps meist eiförmige geschlossene Kappen.

Die Absätze blieben niedrig, etwa 4 cm hoch; allerdings kamen jetzt Dekorationen auf dem Vorderblatt wieder in Mode. 1957 waren große Schleifen aus Chiffon, Satin oder Grosgrain der Renner; danach bekam der Pumps kleine Zierriemchen, kreuzweise verlaufende Schnürriemchen und 1958 T-förmig verlaufende Riemchen bei

Emma Hope

1987 akzeptierte der britische Design Council eine ganze Reihe der Entwürfe Emma Hopes für seine Fußbekleidungsauswahl und so begann sie, ihre Kollektionen unter ihrem eigenen Namen auszustellen. Im selber Jahr eröffnete sie ihr erstes eigenes Geschäft in London und fertigte Schuhe, die sachlicher und tragbarer wurden. Bequemlichkeit steht bei ihren Entwürfen an erster Stelle – trotz der oft üppigen Dekoration.

Ihre Inspiration zieht Hope aus der Geschichte. Sie vertieft sich in klassische Gemälde und sie verbringt viel Zeit im Victoria and Albert Museum in London sowie im Schuhmuseum in Northampton. Historische Einflüsse wie etwa langgezogene Spitzen und Louis-quinze-Absätze sind häufig bei ihren Schuhen zu beobachten. 1988 gewann sie den Martini Style Award, 1989 den Smirnoff Design Award. Magazine wie *Harper's and Queen*, *Vogue*, *Cosmopolitan* sowie *Wedding and Home* haben über ihre Arbeit berichtet.

In Großbritannien äußern sich manche Einzelhändler gern abfällig über die jüngste Generation der Schuhdesigner. So grübelte Mary Bentham 1987 im *Guardian* darüber nach, ob es die jungen Designer in fünf Jahren wohl noch geben werde. Zehn Jahre später produzierte Emma Hope noch immer ihre modischen, handgefertigten Pumps.

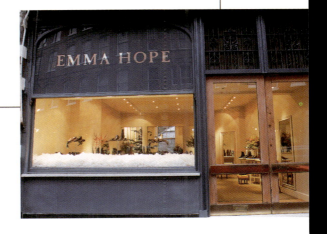

Dieser Schlingpumps aus schwarzem Wildleder (*links*) hat eine interessante, die Kappe umziehende Durchbruchverzierung aus weißem Leder. Er wurde um 1950 von Sir Edward Rayne, dem Hoflieferanten Königin Elizabeths II., kreiert.

Salvatore Ferragamos Pumps mit eckiger Kappe und Metallschnalle in schwarzem Lack und weißem Leder, 1996.

Pumps der 60er Jahre. *Im Uhrzeigersinn:* Brokatpumps mit Blockabsatz von Pierre Gamain, Paris; Slingpumps aus weißem Lack mit Metallschnalle von Vivier für Dior; bestickte Pumps von Dior; italienische Pumps mit Glaskugeln auf dem Blatt und als Absatz.

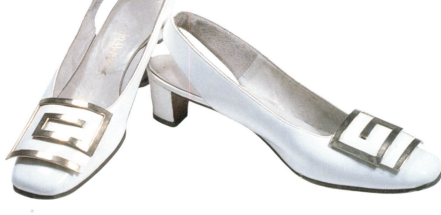

Amerikanische Pumps mit hoch gezogener Spitze, goldfarbener Sohle und extravagantem Absatz, 60er Jahre.

sehr tief ausgeschnittenem Vorderblatt. Breite Spulenabsätze – benannt nach den Fadenspulen, denen sie ähnelten – kamen und gingen, doch die Mode hielt an den runden Absätzen fest. Als Alternative zum Bleistiftabsatz kreierte Delamanette 1959 den absatzlosen Pumps, dessen Sohle durch eine Stahlstütze unter dem Fußgewölbe verstärkt war, sodass der Schuh ohne Absatz quasi in der Luft zu schweben schien. Er konnte sich jedoch am Markt nicht durchsetzen.

Der Pumps der First Lady

Die in den frühen 60er Jahren ins Weiße Haus eingezogene Jacqueline Kennedy trug zu schlichten Schneiderkostümen Pillboxhüte und elegante Pumps, und die Welt folgte ihrem Beispiel. Ihre Schuhe kaufte die First Lady bei René Mancini in Paris, der Schuhe für die Couturiers Pierre Balmain, Givenchy und Chanel fertigte. Alle drei Monate bestellte die First Lady mindestens zwölf Paar, doch nachdem sie Aristoteles Onassis geheiratet hatte, verringerte sich die Bestellrate auf acht Paar pro Saison. Seit der Ära Jackie Kennedy sah man alle amerikanischen First Ladies bei offiziellen Anlässen nur Pumps tragen. Nancy Reagan bezog ihre von David Evins.

Als Ende der 60er Jahre die Röcke kürzer wurden und die Beine dadurch länger schienen, kamen schlichte Pumps mit flachem Absatz in Mode. Sie ließen die jetzt hochmodischen gemusterten Strumpfhosen gut zur Geltung kommen. Die Kappen waren breit und gerundet oder meißelförmig und auch die Absätze wurden breiter und eckiger. Bis 1970 waren sie gerade und von fast quadratischem Grundriss, dabei hatte der flache Pumps einem etwas höheren, engeren Schuh mit dickerer Sohle Platz gemacht – der Weg für die Plateausohle war geebnet.

Dehnbare Innovationen

In den 80er Jahren, als die Designer mit neuen Materialien experimentierten, erlebte der Pumps eine Renaissance. Caovilla, der für Valentino arbeitete, stellte einen durchsichtigen Plastikpumps vor. Sowohl Armando Pollini als auch Philip Model entwarfen Stretchschuhe und stellten Pumps aus elastischem Material her. Umstritten ist dabei, wer von beiden zuerst auf die Idee kam. Pollini ließ das Warenzeichen »Elast« für den Grosgrain-Stretchstoff eintragen, den er für seine Schuhe verwendete. »Ich habe das Material in einer alten deutschen Fabrik aufgetrieben, die Korsetts und Büstenhalter herstellte«, sagte er. »Es gibt viele Imitationen, doch die Qualität ist nicht dieselbe.« Philip Model, auch als »Monsieur Elastique« bekannt, sagte, dass die Gummizüge der Damenunterwäsche ihn auf die Idee gebracht hätten. Er verwendete für seine Pumps auch traditionelle Materialien, doch liebte er vor allem fetzige Muster und Punkte.

Eine der jungen Vertreterinnen des Pumps ist Emma Hope, die ihre Ausbildung als Schuhdesignerin am Cordwainers College in London absolvierte, an dem auch Joseph Azagury, Christine Ahrens, Jimmy Choo, Patrick Cox und Elizabeth Stuart-Smith studierten. Emma Hope verkaufte ihre ersten Kollektionen 1984 in Großbritannien und den USA, danach begann sie Schuhe für Modedesigner wie Bill Gibb, John Flett, Betty Jackson, Joe Casely-Hayford und Jean Muir zu entwerfen.

Pumps von Biba, der legendären Modetrendsetterin der 70er Jahre.

Variationen eines Themas sind diese drei Paar Pumps aus schwarzem Leder mit eckiger Kappe. Sie stammen von Katherine Hamnett, einer international bekannten Modedesignerin, die auch mit ihren Accessoires erfolgreich ist.

Slipper und Pantoletten

Slipper, Pantoffel, Pantolette und Mule sind Bezeichnungen, die grundsätzlich dasselbe meinen und doch völlig unterschiedlich aussehende Schuhe benennen. Das Gemeinsame ist die Art, wie man in diese Schuhe hineinschlüpft, nämlich leicht – ohne Hilfsmittel bemühen zu müssen. Selbst wenn der flache Slipper rundum geschlossen ist, kann das Material, aus dem er besteht, so weich sein, dass die Ferse leicht heruntergetreten werden kann. Schnell ist aus dem Slipper dann der hinten offene Pantoffel geworden. Bekommt der Pantoffel einen Absatz, spricht man meist von einer Pantolette. Typisch für all diese Schuhe ist, dass man sie ihres empfindlichen Materials wegen bevorzugt im Haus trug und trägt, dabei hin und wieder aber auch bei sehr festlichen Gelegenheiten.

Im 19. Jahrhundert waren Slipper die Ballschuhe schlechthin. Und auch heute liegen Welten zwischen einer zarten hochhackigen Pantolette, die man zum Negligee oder zum Abendkleid trägt, und einem ausgelatschten flachen Schlappen – auch wenn man in beide ähnlich leicht hineinschlüpft.

Die reich bestickten Seidenschlupfschuhe (*oben*) wurden um 1760 in Boston hergestellt. Die Pantolette von Pfister (*rechts*) ist mit Blüten aus Veloursleder besetzt.

SLIPPER UND PANTOLETTEN

Der bestickte Seidenslipper (*ganz oben*) wurde am Hof des französischen Kaisers Napoleon getragen. *Oben:* Ein Paar Seidenschuhe aus England aus der Zeit zwischen 1670 und 1710. Um den Schuh im Freien vor Schmutz zu schützen, trug man einen Überschuh aus Holz mit gerader Sohle und Bindeflügeln, der sich in die Absatzwölbung des Slippers einpasste (*rechts im Bild; links:* Schuh und Überschuh getrennt).

DER SANFTE TRITT

Einigen Slippern, vor allem Pantoletten, war es vergönnt, den Weg nach draußen zu gehen. Bei Filmpremieren in den 50er Jahren zierten hochhackige Pantoletten mit Marabufedern die Füße von Jayne Mansfield und Marilyn Monroe; heutzutage sieht man vorn geschlossene oder vorn nur leicht geöffnete Pantoletten mit mäßig hohem Absatz auf der Straße. Wer es sich leisten kann, trägt elegante Modelle von Designern wie Manolo Blahnik.

Die Geschichte des Schlupfschuhs geht weit in die Vergangenheit zurück. Die feine Römerin trug im Haus den weichen, meist verzierten Soccus, daneben gab es den Mulleus, einen aus Purpurleder gefertigten Pantoffel. Auch in Indien und China kannte man weiche Schlupfschuhe.

Im Westen war der Slipper ein Schuh der reichen Damen, die nicht oder kaum auf die Straße gehen mussten. Mitte des 17. Jahrhunderts waren solche Schuhe aus Satin, Samt, Seide oder Brokat gefertigt und zeigten sich reich bestickt. Auch die Herren trugen im Haus ganz ähnliche Schuhe.

Der revolutionierte Schuh

Im 17. Jahrhundert war der Absatz aufgekommen, zunächst für den Reitstiefel, wo er im Steigbügel besseren Halt gab, dann für den Herrenschuh. Bald hatten auch Damenschuhe und -pantoffeln zunächst blockartige, dann geschwungene Absätze. Der typische Schlupfschuh des Rokoko hatte eine Spange über den Ristlappen, auf der eine auswechselbare und oft sehr große Zierschnalle saß; diese war häufig aus Silber geschmiedet und mit Edelsteinen besetzt. Seitdem Ludwig XIV. die Absätze seiner Schuhe mit rotem Leder hatte beziehen lassen, galten Schnallen und rote Absätze als Standeszeichen des Hochadels. Mit beiden wurde, wie mit dem Adel selbst, während

Diese englischen Seidenschuhe aus der Zeit zwischen 1710 und 1725 haben hohe, geschweifte Absätze. Die Laschen mit den Knopflöchern verraten, dass sie mit Bändern zugebunden wurden.

DER SANFTE TRITT

Diese mit Ziegenleder gefütterten, scharlachroten Seidenschuhe mit Bindebändern wurden 1811 von Papst Pius VII. getragen.

der Französischen Revolution kurzer Prozess gemacht. Nun waren schmucklose Schuhe ohne Absatz Mode. Die Sansculotten, radikale Republikaner, die – wie ihr Name sagt – die Kniebundhosen endgültig abgelegt hatten, trugen zu den langen Seemannshosen klobige Holzschuhe, so genannte Sabots.

Mit der Machtübernahme Napoleons trat eine gewisse Beruhigung ein, und eine völlig neue Mode kam auf. Der Schuh zum fließenden klassizistischen Chemisekleid war der flache und dünnsohlige Schlupfschuh aus Seide oder Satin – der Escarpine. Mit den kreuzweise über dem Unterschenkel geschnürten Bändern erinnerten diese zierlichen Schuhe, die sich bis etwa 1825 hielten, an heutige Ballettschuhe. Wie zart und empfindlich diese Schuhe waren, verdeutlicht eine überlieferte Anekdote: Eine Kundin beklagte sich beim Pariser Schuhmacher Cnops darüber, dass ihre neuen Escarpines gerissen seien, obwohl sie sie nur ein einziges Mal getragen habe. Der Meister schaute die zerrissenen Schuhe an und rief dann aus: »Ah, kein Wunder, dass die Schuhe kaputt sind. Madame sind damit gelaufen!«

Yanturni, Meister des Luxus

Der wahrscheinlich bedeutendste Verfechter des modernen Schlupfschuhs, der legendäre Pietro Yanturni, arbeitete bereits vor dem Ersten Weltkrieg in Paris. Seine dekorativen Schuhe fertigte er ausschließlich für superreiche Damen, denen er eine Vorauszahlung von 1000 Dollar für ein einziges Paar abverlangte. Die Schuhe, die er lieferte, sollten die Dame ein Leben lang begleiten; doch mit der Lieferung ließ er sich Zeit. Die Multimillionärin Rita de Acosta Lydig bestellte mehr als 300 Paar Schuhe bei ihm. Ihre Schwester erinnert sich: »Man konnte sich darauf verlassen, dass das erste Paar in etwa zwei Jahren geliefert wurde. Wenn er einen sehr mochte, und Rita mochte er, dann

Fortsetzung Seite 32

Die grünen Seidenslipper mit langen Bändern stammen aus Schottland aus der Zeit um 1845.

Die teuersten Slipper der Welt?

1955 wurde bei Sotheby's ein Paar mit Silberfaden besticktegraue Seidenslipper aus dem 16. Jahrhundert zum stolzen Preis von 23 000 Dollar versteigert. Die Herrenslipper, die wohl einem reichen Aristokraten gehört hatten, waren zufällig in einem Schrank entdeckt worden. Damals war es nicht unüblich, jemandem Schuhe zum Geschenk zu machen. Sir Philip Sidney etwa schenkte Königin Elizabeth I. 1584 ein Paar Slipper aus schwarzem Samt, die gänzlich mit Goldfaden bestickt und mit Perlen besetzt waren.

Hohes Alter garantiert jedoch nicht immer den höchsten Preis. 1988 kam eines der acht Paare rubinroter Slipper, die der Kostümbildner Gilbert Adrian 1938 für Judy Garland und ihren Film *Der Zauberer von Oz* entworfen hatte, bei Christie's in New York unter den Hammer – für 165 000 Dollar.

DESIGNERPROFIL

Manolo Blahnik

Manolo Blahnik veranstaltet keine Modenschauen. Er lebt zurückgezogen im englischen Städtchen Bath und ist doch weltberühmt. Sein Name ist zu einem Synonym für teure Luxusschuhe geworden.

Rosafarbene Sandalette mit Blumendekoration. Lange dünne Knöchelriemen sollen dem Fuß Halt geben.

Diejenigen, deren Füße die Schuhe von Blahnik zieren, nennen die Kreationen des Meisters »Manolos«. Zu ihnen gehören Madonna, Paloma Picasso, Winona Ryder, Bianca Jagger, Ivana Trump und Cher; auch Prinzessin Diana gehörte dazu.

Zu den frühesten Erinnerungen des 1942 in Santa Cruz auf den Kanarischen Inseln als Sohn einer spanischen Mutter und eines tschechischen Vaters geborenen Blahnik gehören die Brokatschuhe seiner Mutter; Don Christino, der führende Schuhmacher der Insel, hatte sie gefertigt. Später studierte der junge Blahnik in Genf Jura und Literatur. 1965 ging er zum Kunststudium nach Paris. Dort sah er die Schuhe von Santurni, die ihn sehr inspirierten.

1970 siedelte er nach London über. Der Starfotograf Cecil Beaton bewunderte seine Mappe mit Entwürfen, und die tief beeindruckte Diana Vreenland, Herausgeberin der amerikanischen *Vogue*, ermutigte ihn, das Schuhdesign unbedingt weiterzuverfolgen. Also machte Blahnik das Entwerfen von Schuhen zu seinem Beruf. Seine erste Kollektion war sehr gewagt. Er verwendete Lack oder, Kreppsohlen und klobige Absätze aus gestapeltem Leder und glänzenden Furnieren.

Obwohl er keine formale Ausbildung genoss, ist Blahnik ein Meister seines Fachs. Seine Schuhe sind bekannt für ihren Tragekomfort, für die Qualität ihrer Konstruktionen und den erlesenen Stil. Er ist auch ein Meister der Farbe, der mit lebhaftem Magenta, Purpur und Scharlachrot, Orange, leuchtendem Grün und Safrangelb

Schwarze Seidenpantolette mit reicher Dekoration aus schwarzen Perlen und Glassteinen.

30

Schlichtheit und Eleganz zeichnen Blahniks Entwürfe aus, seit er sich in den 70er Jahren als Schuhdesigner niederließ. Hier eine gelbe Seidenpantolette.

Die mit einer Seidenblume dekorierte Pantolette aus nur drei schmalen Riemchen zeigt die typische Leichtigkeit von Blahniks Entwürfen.

umzugehen versteht. Und er handhabt Glatt- und Rauleder, Samt, Seide und unkonventionelle Materialien mit größtmöglicher Leichtigkeit.

1973 eröffnete Blahnik sein erstes Geschäft in London. Er nannte es Zapata; heute vermarktet er seine Schuhe unter seinem eigenen Namen und unterhält auch in Manhattan einen Salon.

Von Anfang an umschwärmte ihn die Modepresse. Bereits 1974 erschien ein Artikel über ihn im New Yorker Magazin *Interview*. Die Aufmerksamkeit, die ihm die Journale schenken, mag darauf zurückzuführen sein, dass seine Schuhe einen hervorragenden Stoff für die Berichterstattung abgeben, nicht zuletzt, weil Blahnik ihnen so viel versprechende Namen wie Pompei, Gigi, Viola, Eos, Lissio oder Medina gibt, über die sich die Moderedakteure breit auslassen können.

Blahniks Philosophie lautet: Mode muss Spaß machen. Außerdem haben seine Schuhe den Ruf, eine dermaßen gute Passform zu haben, dass die Trägerin darin zu schweben scheint.

Blahnik, der Mode für einen vergnüglichen Zeitvertreib hält, ist ein hochgebildeter Mann, der seine Inspirationen aus zahllosen Quellen bezieht. »Es kann ein Duft sein, doch kann ich nicht sagen, was genau ich im Sinn habe, sonst verfliegt die Magie«, sagt er. Einmal fuhr er mit seinem New Yorker Partner George durch Südfrankreich und hielt plötzlich an, weil ein wunderbarer Duft von Mimosen und Jasmin über der Landschaft lag – er inspirierte Blahnik zu einem Schuh.

Im russischen St. Petersburg eröffnete er vor kurzem eine Filiale mit der Begründung, daß die Menschen dort zwar nicht das Geld haben, seine Schuhe zu kaufen, aber sie doch wenigstens betrachten können.

Wie viele kreative Menschen könnte auch Blahnik in anderen Bereichen erfolgreich als Designer arbeiten, doch für ihn ist es noch immer eine Herausforderung, Schuhe herzustellen: »Wenn ich der Meinung wäre, mein Handwerk perfekt zu beherrschen, würde ich keine Schuhe mehr kreieren«, sagt er.

Ein extrem hoher Abendschuh, der nur das Minimum an benötigten Riemchen aufweist.

SLIPPER UND PANTOLETTEN

In Italien hergestellte Pantoletten aus den 50er Jahren. Sie haben einen interessanten Metallabsatz, der einem Vogelkäfig mit darin gefangenem Vogel ähnelt.

durfte man hoffen, sie in einem Jahr zu bekommen; und wenn ein Wunder geschah, dann sogar in sechs Monaten.« Manche Kundinnen warteten allerdings bis zu drei Jahren auf ein Paar Yanturni-Schuhe.

Der 1890 in Kalabrien geborene Yanturni war eigentlich gar kein gelernter Schuhmacher, sondern Kurator des Schuhmuseums von Cluny und ein Experte, was die Geschichte des Schuhs anging. Er fing an, selbst Schuhe zu entwerfen, weil sie seine Leidenschaft waren. Auch Mrs. Lydig hatte eine Leidenschaft für Schuhe. Sie reiste sehr viel und hatte sich – um ihre Schuhe transportieren zu können – 1915 in Sankt Petersburg zwei Spezialkoffer aus braunem Leder und cremefarbenem Samtfutter anfertigen lassen: einen für ihre Abendschuhe, den anderen für ihre Tagesschuhe. Einer der Koffer steht heute im Metropolitan Museum of Art in New York – die Schuhbäume im Inneren noch bestückt mit den Abendschuhen, die Yanturni für sie schuf. Um diese Schuhbäume möglichst leicht zu halten, hatte Yanturni sie mit viel Geschick aus dem Holz alter Violinen gefertigt, die Mrs. Lydig eigens für diesen Zweck erstanden hatte.

Sobald Yanturni eine Kundin akzeptiert hatte, nahm er einen Abdruck von ihrem Fuß. Im Anschluss daran ließ er sie barfuß herumgehen, um zu sehen, wie sie beim Gehen das Gewicht verlagerte. Dann fertigte er die Schuhe nach dem Abdruck, oft ohne eine Zwischenanprobe. Er fragte die Kundin auch nicht, was für eine Art von Schuh sie wünschte oder welches Material sie bevorzugte. Er durchkämmte die Flohmärkte

Ballettschuhe

Der heute weltweit führende Hersteller von Ballettschuhen ist die Firma Freed in London, deren 25 Fachkräfte täglich 1000 Paar davon produzieren. Bedenkt man, dass eine Ballerina mehr als 20 Paar pro Monat zertanzt, so ist das nicht zu viel. Die Schuhe sind so individuell, dass eine Tänzerin, die eine Fachkraft für sich entdeckt hat, nach Möglichkeit ein Leben lang von ihr bedient werden möchte. Denn die winzigsten Abweichungen beim Papier und der Kleistermasse für den Spitzenblock können erhebliche und deutlich spürbare Unterschiede bei der Pirouette ausmachen. Als die amerikanische Ballerina Gelsey Kirkland nach zwei Jahren Pause wieder auf die Bühne zurückkehrte, war ihr Schuhmacher in Rente gegangen, und sie konnte keinen befriedigenden Ersatz für ihn finden. Schließlich erklärte er sich bereit, weiterhin ihre Ballettschuhe zu machen. Die Schuhmacher achten auf jedes Detail und können die Leisten mit Plastilin so ausformen, dass alle Besonderheiten der Füße der Tänzer – wie etwa Ballenschwellungen – berücksichtigt werden. Nach dieser Vorbereitung einen Ballettschuh zu machen geht schnell, ein geübter Fachmann braucht zehn Minuten für ein Paar. Allerdings müssen die Schuhe dann in einem Spezialofen bei 60 °C ungefähr 14 Stunden lang aushärten.

Bekommt eine Tänzerin ein neues Paar Spitzenschuhe, so muss die Spitze erst eingebrochen werden. Manche halten den Schuh über heißen Wasserdampf, brechen ihn dann in einer Türangel und betupfen bestimmte Stellen zur Härtung mit Schellack. Die russische Tänzerin Anna Pavlova brach die Schuhe fast entzwei und setzte sie dann wieder zusammen, Margot Fonteyn schlug ihre Schuhe gegen Treppenstufen, und Kirkland führt immer einen kleinen Hammer mit sich, um die Spitze weich zu klopfen. In zwei Tagen sind die Schuhe durchgetanzt und unbrauchbar; üblicherweise werden sie dann weggeworfen, doch 1995 versuchte das Royal Ballet in London, seine Ausgaben für Ballettschuhe durch den Verkauf gebrauchter, von Künstlern signierter Schuhe zu verringern. Mindestens 50 Dollar sollte das Paar bringen. Als bei Christie's in London Ballettschuhe von Rudolf Nurejew versteigert wurden, brachten sie 9 460 Dollar ein.

32

nach alten Stoffen und Spitzen, die ihm zur Persönlichkeit der Kundin zu passen schienen, und nur selten erfuhr die Kundin, was ihm vorschwebte, ehe der Schuh fertig war.

Für Mrs. Lydig wählte Yanturni gern antike Spitzen aus der Renaissance oder Silberstoffe als Applizierung der Pantoletten mit Bobine-Absatz und langen engen Spitzen. Das Ergebnis waren Slipper, wie sie eine Fürstin des Rokoko hätte tragen können.

Niemand, der Schuhe bei Yanturni erstand, scheint je enttäuscht worden zu sein. Seine Schuhe waren weich und leicht und passten »wie ein Seidenstrumpf«. Das zumindest behauptete der Prominentenfotograf Cecil Beaton. Yanturnis Entwürfe waren von unvergleichlicher Eleganz und schmeichelten den Füßen seiner Kundinnen. Wer je bei ihm gekauft hatte, kaufte, wenn er es sich leisten konnte, bei keinem anderen mehr. Yanturni war teuer, und er verhehlte es nicht. Ein Schild an seinem Salon am Place Vendôme verkündete schlicht: »*Le bottier le plus cher du monde*« (»teuerster Schuhmacher der Welt«).

Tangofieber

Das junge 20. Jahrhundert hatte bereits ein paar Neuerungen in der Mode gesehen. Seit 1906 war das Schnürkorsett passee und man trug die vom Pariser Couturier Poiret bestimmte Mode: lange gerade Röcke und dazu passende ebenso lange Tuniken. 1912 wurde die Welt vom Tangofieber ergriffen. Die von Poiret und Mme. Paquin kreierte Mode war wie dafür gemacht, allerdings war es nötig, die engen Röcke hoch zu schlitzen, um die weiten Tanzschritte ausführen zu können. Lange Perlenketten und Straußenfedern waren der passende Schmuck zur Abendgarderobe, die ohnehin aus kostbarer Seide mit Gold- und Silberstickerei gemacht war. Die nun beliebten Turbane zierte man mit Reiherfedern; der zum Tango getragene Schuh war ebenfalls mit allen möglichen Materialien – von Gold und Silber über geschnittene Edelsteine,

Ein Entwurf von Roger Vivier für Dior von 1962. Der mit ausladendem Schwung geschnittene Schuh aus grün gemustertem Stoff ist über den Leisten gezogen. Er wurde bei der entsprechenden Herbstmodenschau nicht vorgeführt.

Pantolette aus dunklem Wildleder mit bequemem Blockabsatz und großer Goldschnalle; entworfen von Joan & David.

Seymor-Troy-Pantolette mit Tupfenmuster und mittelhohem Absatz, wie sie in den 30er Jahren in den USA verkauft wurde.

Dieser Hauspantoffel aus Ponyfell wurde 1904 von Bally hergestellt. Die Zierschleife wird von einer hufeisenförmigen Silberschnalle gehalten.

SLIPPER UND PANTOLETTEN

»Topkapi« nannte Andrea Pfister diesen 1993 kreierten, reich mit Strasssteinen besetzten Pantoffel aus goldfarbenem Ziegenleder.

Extrem spitz zulaufende Slipper mit feiner Silberborte und hoch gezogener Lasche. Die Einschnitte auf dem Vorderblatt erwecken den Eindruck einer Karnevalsmaske. Ein Entwurf von Roger Vivier aus den 80er Jahren.

Markasit und Strass – reich verziert. Damit die weit ausgeschnittenen Schuhe entsprechenden Halt hatten, wurden sie mit einer Ristspange, mit Kreuzriemchen oder Schleifen geschlossen.

In den 20er Jahren war das Tangofieber zwar noch nicht abgeklungen, aber andere Tänze hatten sich hinzugesellt – Shimmy, Cake-Walk, Black Bottom und vor allem der Charleston. Schnallen, die durch die Französische Revolution aus der Mode gekommen waren, erfreuten sich jetzt wieder großer Beliebtheit.

Zu Beginn des Jahrzehnts liebte man mit Diamantstrass und Perlen besetzte Schnallen. 1922 war das Jahr der Bronzeschnallen, 1924 mussten es mit Pailletten besetzte Schnallen sein, 1925 Perlmuttschnallen und Schnallen aus emailliertem Silber. 1926 sah man Schnallen besetzt mit Onyx, anderen Edelsteinen und wiederum mit Diamanten imitierendem Strass. Im Boudoir trug die Dame rote Ziegenlederpantoletten mit Pelzbesatz; auch kam ein hoher Lederabsatz auf.

Pantolette und Sexappeal

In den vom Zweiten Weltkrieg, seinen Vorzeichen und Nachwehen geprägten 30er und 40er Jahren büßte der Pantoffel an Beliebtheit ein, doch unter dem Einfluss des von Christian Dior kreierten *New Look* rückte der Fuß und zwangsläufig der Schuh wieder mehr in den Mittelpunkt. Erstmals im 20. Jahrhundert betraten Pantoletten das Straßenpflaster und wurden schon bald zum modischen Abendschuh. 1955 trug Marilyn Monroe in dem Film *Das verflixte 7. Jahr* offene Pantoletten. Der Schuh zwang die Monroe zu einem koketten, aufreizenden Gang, bei dem sie auf den

Zehenspitzen balancieren musste. Schlagartig wurden hochhackige Pantoletten weltweit ein Erfolg. Beinahe schlugen sie den anderen Slipper aus dem Weg, der im Jahr zuvor ein Comeback erlebt hatte – den flachsohligen, weit ausgeschnittenen, an den alten Escarpine erinnernden Ballerinaslipper, auch »Rock'n'Roll-Schuh« genannt, der seine Beliebtheit einem anderen Star der Zeit verdankte: Audrey Hepburn. Teenager trugen den Ballerinaslipper gern zu den engen wadenlangen Caprihosen und den weiten Petticoatröcken.

In den 60er Jahren gab es einen ersten – allerdings vergeblichen – Versuch, den Pantoffel mit hoher Plateausohle, den man seit dem 16. Jahrhundert nicht mehr gesehen hatte, wieder einzuführen. Doch erst in den 70er Jahren setzten sich Pantoletten mit Keilabsatz und Plateausohle als Sommerschuh durch.

Die hochhackige Pantolette hatte sich inzwischen ins Schlaf- und Badezimmer zurückgezogen und blieb dort bis zu den 90er Jahren, als Designer wie Manolo Blahnik, Donna Karan, Jimmy Choo, Roger Vivier, Emma Hope und Patrick Cox sie wieder an die Öffentlichkeit brachten. Sie stellten Pantoletten aus unterschiedlichen Materialien und Farben vor, schlicht und reich verziert, doch fast immer mit hohem Absatz. Sind solche edlen Stücke dem Abend vorbehalten, so erfreut sich die Pantolette mit mäßig hohem Blockabsatz und breitem, nur leicht die Zehen vorschauen lassendem Blatt gegen Ende der 90er Jahre als Straßenschuh wieder großer Beliebtheit.

Von Herbert Levine in den 60er Jahren entworfene schwarzweiß gestreifte Pantoffeln mit flachem Absatz.

Pantolette mit kräftigem hohem Absatz, Lacklederblatt und seitlichen Metallbeschlägen von Bally aus den 70er Jahren.

Diese »Marabu«-Pantoletten erzeugen zusammen mit dem passenden Negligee einen Hauch von Glamour.

Aschenputtels Rache

Weltweit kursieren mehr als 400 Versionen des Aschenputtelmärchens. In der 1697 von Charles Perrault verfassten Version trägt das Cendrillon genannte Aschenputtel kleine Glaspantoffeln. In Erinnerung daran schuf Samuele Mazza Pantoffeln aus Spiegeln und Scherben von Champagnerflaschen. Sie gehören zu denjenigen seiner Schuhentwürfe, die als Kunstobjekte und nicht als tragbare Mode gedacht sind. Ein anderer Künstlerschuh von ihm ist wie eine Treppe mit rotem Teppich geformt. Auch Lars Hagen schuf 1991 einen Slipper, der rundum mit Spiegelscherben besetzt ist.

3

Abendschuhe

Vom Tango zum Salsa und vom Ballsaal zur Diskothek tanzten Abendschuhe durch das 20. Jahrhundert; und keinen Schritt haben sie ausgelassen. Abendschuhe sind elegante Vorzeigeschuhe, meist zum Tanzen entworfen, doch manche sollen auch einfach nur auffallen. Die talentiertesten Designer – darunter Salvatore Ferragamo, André Perugia, Roger Vivier und Manolo Blahnik – haben jeder auf seine Weise aufregende Abendschuhe entworfen.

In Stiefeletten, wie sie die Cancan-Tänzerinnen trugen, tanzten die Frauen ins 20. Jahrhundert hinein. Solche Stiefelchen, oft mit goldfarbenem Glaceeleder bordiert und bestickt – um 1900 *de rigueur,* ein absolutes Muss –, hielten sich bis in die 20er Jahre. Doch als die Rocksäume unerbittlich höher wanderten, siegte der Pumps über den Stiefel. Bereits 1911 stellte *Vogue* ein Paar hoch geschnittene Abendschuhe aus schwarzem Satin vor, denn noch war die Zeit für tief ausgeschnittene Schuhe nicht gekommen. Sichtbare Knöchel waren die eine Seite der Medaille, sichtbare Füße die andere. Als tiefer ausgeschnittene Schuhe in Mode kamen, hatten wenigstens Schnallen, Grosgrainbänder oder Schleifen den Spann zu bedecken. Der Abendschuh, der den totalen Einblick gewährte, ließ jedoch nicht lange auf sich warten.

Pumps aus rosafarbenem Satin mit Zierschleife auf dem Rist und Originalkarton des Herstellers. Hellstern & Sons am Pariser Place Vendôme war in der Zeit um 1910 eine der ersten Adressen. *Rechts:* Fast züchtig erscheinen die Pumps im Vergleich zur aufreizenden Eleganz des modernen roten Schuhs.

ABENDSCHUHE

HÖHEPUNKT DER FRIVOLITÄT

Um 1912 konnte man in französischen Modemagazinen von Abendschuhen mit Absätzen aus Kristall und Gold lesen. Diese wurden nur noch von Absätzen aus Jade überragt. Wer sich solche Extravaganzen nicht leisten konnte, für den gab es Schuhe aus Satin, Seide, Samt und Ziegenleder, die mit Schnallen, Schleifen oder Rosetten verziert waren.

Die Mode stand unter dem Einfluss der Kunst, und diese hatte mit dem italienischen Autor Filippo Tommaso Marinetti gerade den Futurismus entdeckt. 1909 war im *Figaro* in Paris sein erstes futuristisches Manifest erschienen, in dem es unter anderem hieß: »Ein Rennwagen ... ist schöner als die Nike von Samothrake.« Vom »Krebsgeschwür der Professoren, Archäologen, Fremdenführer und Antiquare« wollte er sein Land befreien, und diese Befreiung schloss nicht nur die Kunst und die Literatur, sondern sämtliche gesellschaftlichen Belange und somit auch die Mode ein.

Es kamen deshalb Abendschuhe auf, die sich von allem bisher Dagewesenen in Materialien und Stil unterschieden. Sie konnten aus kariertem Taft und schwarzem Samt oder aus schwarzem Leder mit goldfarbenen Absätzen kombiniert sein, dekoriert mit bunten Rauten. Der hiermit zur Schau gestellte Optimismus musste jedoch bald der düsteren Realität des Ersten Weltkriegs weichen. Während an der Westfront Millionen von Soldaten fielen, schienen extravagante Abendschuhe der Höhepunkt der Frivolität zu sein, weshalb eine neue Nüchternheit einsetzte. Der Abendschuh war schlicht

Dieser auffällige Knöchelriemenpumps aus goldenem, mit schwarzem Leder unterlegten Glaceeleder wurde in den frühen 20er Jahren in Holland hergestellt.

Ein T-Riemchen-Pumps von Bally aus dem Jahr 1928. Der interessante Karoeffekt wird durch verschiedenfarbige verflochtene Leder hervorgerufen.

38

HÖHEPUNKT DER FRIVOLITÄT

Brautschuhe aus weißem Leder, 1908 von Cammeyer, New York, hergestellt. In ihrem hohen Schnitt und den vier zu knöpfenden Ristspangen erinnern sie an die Knöpfstiefel des 19. Jahrhunderts, doch wirken sie mit ihrer Verzierung aus Strass und kleinen Glasperlen sehr elegant.

und schwarz aus Samt, Ziegen- oder Wildleder, doch gegen Ende des Krieges bekam er auch wieder Farbe.

In der Mode endeten die Rocksäume 20 cm über dem Boden und die Absätze waren etwa 6 cm hoch. Knöchelriemchen oder Ristspangen waren nötig, um den ausgeschnittenen Schuhen beim Tanzen – man favorisierte vor allem den Tango – Halt zu geben. Die insgesamt wieder farbenfrohen Schuhe waren aus Brokat, schwerem Seidenkrepp oder Satin und meist mit Metallschnallen oder anderem Zierrat besetzt. Die amerikanische Tänzerin Isadora Duncan eroberte die Welt im Sturm, als sie ihr Publikum animierte, ihrem Beispiel folgend barfuß zu tanzen. Doch die Modebewussten widersetzten sich diesem Aufruf und gaben stattdessen ihr Geld für handgefertigte Schuhe aus.

Obwohl sich hohe Absätze großer Beliebtheit erfreuten, zog man für die neuen Modetänze der 20er Jahre – den Black Bottom und den Charleston – flache Schuhe oder Schuhe mit niedrigem Absatz vor. Auch Bobine-Absätze oder mit Intarsien geschmückte oder anderweitig interessant dekorierte Absätze waren en vogue.

Flirt mit der Mode

Für den Korpus der Schuhe verwendete man mit Vorliebe silber- oder goldfarbenes Ziegenleder, das häufig mit anderen Materialien wie etwa Seidenstoffen oder Samt, aber auch anderen Ledern kombiniert wurde. Manche Frauen wählten den tief ausgeschnittenen schlichten schwarzen Satinpumps, doch zum Tanzen war es ratsam, einen Schuh mit Riemchen zu tragen. Der T-Riemen kam jetzt auf – ein über den Spann verlaufender Riemen mit einer Schlaufe, durch die der Knöchelriemen geführt wurde. Mit dem T-Riemchen war guter Halt gewährleistet, und doch war viel Fuß zu sehen.

Fortsetzung Seite 42

Ein 1920 in der Schweiz hergestellter Abendschuh aus Brokat mit Bobine-Absatz und effektvoll ausgeschnittenem Blatt. Die Glaceelederbordierung geht in die Halt gebenden Kreuzriemchen über.

Rechts: Abendschuh aus bronzefarbenem Satin, reich mit Glasperlen in Gold und Bronze bestickt. Die Rosette über dem Spann ist mit Spitze gefasst und mit Strass dekoriert. Schweizer Modell aus dem Jahr 1924.

DESIGNERPROFIL

Ein Entwurf von Charles Jourdan von 1950/51. Der hohe Satinpumps ist extrem spitz und hat eine hoch gezogene Ristlasche über dem ausgeschnittenen Blatt.

Charles Jourdan

Der Name Charles Jourdan steht für luxuriöse Prêt-à-porter-Schuhe. In Romans, einer französischen Kleinstadt, gründete Jourdan während des Ersten Weltkriegs seine Firma, die sich seitdem zu einem erfolgreichen Weltunternehmen entwickelt hat.

Der 1934/35 entworfene Wildlederpumps ist ungewöhnlich weit ausgeschnitten und hat eine weit hoch gezogene Fersenlasche.

Charles Jourdan, 1883 in Romans geboren, hatte das Schuhmacherhandwerk gelernt und war mit 34 Jahren Vorarbeiter in einer Lederschneidewerkstatt. Entschlossen, sich selbstständig zu machen, stellte er nach Feierabend zu Hause eigene Schuhe her. Als 1919 der Erste Weltkrieg vorüber war und die benötigten Materialien wieder zur Verfügung standen, hatte Jourdan einen genügend großen Kundenkreis, um seine feste Anstellung aufgeben zu können. 1921 beschäftigte er 30 Arbeiter in seiner Fabrik in Romans.

Anders als die Pariser Haute Couture konzentrierte sich Jourdan darauf, für eine wohlhabende Provinzklientel solide Luxusschuhe zu schaffen. Er stellte eine Reihe von Handelsvertretern ein, die seine handgefertigten Schuhe in ganz Frankreich anboten, und stützte deren Bemühungen durch Werbekampagnen im ganzen Land. Auf den Börsenkrach von 1929 reagierte Jourdan mit der Produktion billigerer Schuhe, die er in Ladenketten vertrieb. 1939 hatte er 300 Angestellte, die täglich 400 Paar Schuhe herstellten.

Während des Zweiten Weltkriegs, als Leder knapp war, fertigte Jourdan Schuhe aus Filz, Bast, Gummi, Holz und Pappe. Mit nur noch 150 Mitarbeitern produzierte er noch immer 300 Paar Schuhe am Tag. 1947 stiegen Jourdans Söhne René, Charles und Roland in die Firma ein, die die Tagesproduktion bis 1948 auf 900 Paar steigerten. Jourdan zog sich von der Tagesarbeit zurück, kam aber bis zu seinem Tod 1976 täglich wie gewohnt in die Fabrik.

1950 verkaufte das Unternehmen erstmals Schuhe in Großbritannien, zwei Jahre später eröffnete es ein Verkaufsbüro im New Yorker Empire State Building, und bald wurden pro Saison zwischen 10 000 und 12 000 Paar Schuhe in die USA exportiert. 1957 eröffnete Jourdan eine Boutique in Paris, die ein so großer Erfolg war, dass sich lange Käuferschlangen davor bildeten. Man musste sogar Nummern an die wartenden Kunden und Kundinnen aushändigen, nach denen sie aufgerufen wurden, wenn wieder eine Verkäuferin frei war.

Die Charles-Jourdan-Boutique war insofern eine Besonderheit, als sie jeweils nur eine sehr begrenzte Anzahl von Modellen auf Lager hatte und nur ein Modell im Fenster ausgestellt wurde, das man alle zwei Tage umdekorierte. Diese wenigen Modelle jedoch waren in allen gängigen Größen, in drei verschiedenen Weiten und in 20 verschiedenen Farben zu haben. Eine Frau, die einen Schuh in einer bestimmten Farbe passend zu ihrem Kleid oder Kostüm suchte, konnte sicher sein, hier fündig zu werden.

Ähnliche Boutiquen wurden später auch in London und München eröffnet. Zur selben Zeit schloss Jourdan einen Vertrag mit dem Haus Dior, für das die Firma nun Schuhe zu entwerfen, herzustellen und weltweit zu vermarkten begann.

1971 erlangte die amerikanische Schuhfirma Genesco eine Teilhaberschaft an der Firma, die nun in den Libanon und den Fernen Osten expandierte und zugleich auch Damenmode vertrieb. Acht Jahre später begann man auch mit der Produktion von Herrenkleidung. 1981 wurde das Unternehmen an ein Schweizer Firmenkonglomerat verkauft.

Der noch immer unter dem Namen Charles Jourdan firmierende Unternehmensteil hat seinen Verwaltungssitz in Paris. Seit 1985 untersteht ihm die Charles-Jourdan-Stiftung für grafisches Design und visuelle Kunst sowie ein Schuhmuseum, das mehr als 2000 Paar des legendären Designers André Perugia zeigt, der von 1962 bis 1965 für Jourdan arbeitete. Die Fabrik selbst steht noch immer am Boulevard Voltaire in Romans.

Ein Entwurf von 1978 sind diese grauen Wildlederpumps mit Pfennigabsatz aus Metall und silberfarbenem Knöchelriemen.

21 Jahre liegen zwischen den beiden Entwürfen aus schwarzem Wild- und goldenem Glaceeleder. Die Sandalette (*rechts*) stammt von 1936/37, der Slingpumps (*unten*) von 1957/58.

Der im Schnitt an eine Weste erinnerne rote Schuh (*oben*) wurde 1960 kreiert, der lilafarbene, mit Strass verzierte Stöckelschuh stammt aus dem Jahr 1969.

ABENDSCHUHE

In den 20er Jahren änderte sich die Mode rasch und für die Dame der feinen Gesellschaft war es unmöglich, einen Schuh länger als eine Saison zu tragen, denn danach war er hoffnungslos unmodern. Zu Beginn der Dekade war alles modern, was antik und orientalisch anmutete, vor allem bestickte Haremspantoffeln und Pantoletten. Gegen Mitte der 20er Jahre waren Schuhe im Stil des Art déco der Renner. Goldfarbenes Ziegenleder kam 1922 in Mode, 1927 übernahm das *Argenté*, das silberfarbene Glaceeleder seinen Platz, zugleich experimentierte man mit anderen Ledern. Die ersten Schuhe aus Krokodilleder waren zu hart und unbequem, doch zu Beginn der 30er Jahre hatte die Technik aufgeholt, und nun wurden Reptillederschuhe beliebt. Perugia kombinierte Eidechsen- mit Lackleder. Ihn löste der Schuh mit ausgeschnittener Kappe ab, dem zugleich ein höherer Absatz beigegeben wurde. Später stellte Ferragamo die erste hochhackige Sandale für den Abend vor.

Ernüchterung

1929 kam es zum Kurssturz an der New Yorker Börse, und kurz darauf fielen auch die Rocksäume. Als sich das ganze Ausmaß der wirtschaftlichen Katastrophe zeigte, kamen auch die Abendschuhe wieder in nüchternem Schwarz daher; jeder Anflug von Gold oder Silber zeugte von schlechtem Geschmack. »Nur der fast unsichtbare Schmuck ist jetzt noch *bon ton*«, hieß es 1930 in der französischen *Vogue*.

Chanel brachte ein wenig Aufhellung, indem sie Beige in die triste Palette mischte und ihre sofort erkennbaren Zweitöner lancierte. Bis weit in die 30er Jahre hinein blieb Schwarz in Mode, wenn auch gelegentlich für den Abend mit etwas Gold oder

Mit Strass dekorierter Abendschuh von Charles Jourdan, 1936/37. Interessant ist die Gestaltung des T-Riemchens.

Oben: Sandalette aus goldfarbenem Glaceeleder von Bally, 1939. Die an Jakobsmuscheln erinnernden Seitenpartien werden durch eine Schleife zusammengehalten. Der breite Fersenriemen verleiht dem Schuh besonders guten Halt.

Links: Eleganter Abendschuh aus rosafarbenem Satin mit aufgestickten Punkten und Glaceelederriemchen, die in eine T-Riemchenkonstruktion münden. 1930 in der Schweiz hergestellt.

42

HÖHEPUNKT DER FRIVOLITÄT

Der Abendschuh aus den 30er Jahren (*links oben*) sieht chic aus, ist aber unbequem zu tragen, weil das mit Diamantstrass besetzte Untermaterial Nähte hat, die drücken. Der Knöchelriemenpumps von 1934 (*links unten*) mit seiner runden Kappe und den verflochtenen Riemchen auf dem Blatt dürfte entschieden bequemer gewesen sein.

Elsa Schiaparelli

In den 30er Jahren hatte die 1890 in Rom geborene Schiaparelli großen Einfluss auf die Mode. Nach ihrem Philosophiestudium ging sie in die USA, wo sie Drehbücher schrieb. Nebenbei strickte sie Pullover. Von einem schwarzen Modell mit eingestrickter weißer Schleife kaufte ein Warenhaus 40 Stück. 1929 kam die Designerin nach Paris und fasste Fuß im Modegeschäft, als sie das Haus Chéruit übernahm und unter eigenem Namen weiterführte.

Silber aufgehellt. 1936 gelang der Italienerin Elsa Schiaparelli der Durchbruch. Unter dem Einfluss des Surrealismus ließ sie Perugia frei agieren, und dieser schuf Abendschuhe mit verdrehten Metallabsätzen, Absätzen in Fischform oder aus goldenen Kugeln. Schiaparelli selbst entwarf gelbe Halbstiefel mit aufgemalten goldenen Zehennägeln; zusammen mit Salvador Dalí kreierte sie den »Schuh-Hut«.

Die Italienerinnen trugen nun Schuhe des Designers Bentivegna, der lange, schmale schwarze Abendschuhe mit hohen Absätzen und Schnallen aus Metall oder mit Strass besetzt vorstellte. Der Zweite Weltkrieg stoppte die Entwicklung des Abendschuhs; die Frauen mussten abends in denselben Schuhen mit Keilabsätzen und dicken Sohlen ausgehen, die sie auch tagsüber trugen. Doch mit den 50er Jahren hielten die italienischen Sandalen und Sandaletten mit Bleistiftabsatz Einzug. Die immer weiter ausgeschnittenen, immer mehr Einblick gewährenden Schuhe waren nicht nur ausgeklügelt konstruiert, sie waren vor allem auch sehr erotisch.

DESIGNERPROFIL

Silberpumps mit einem kleinen, mit Strass inkrustierten Absatz. Die Rosette besteht aus Glasröhrchen, durch die Golddraht gezogen ist. Geschlossen wird der Schuh mit silbernen Kristallstöpseln.

Diese extrem spitzen Pumps mit einer konkaven Außenseite kreierte Vivier 1963 für Rayne/Dior.

Roger Vivier

Roger Vivier gilt als der innovativste Schuhdesigner des 20. Jahrhunderts. Er führte die Plateausohle und den Bleistiftabsatz ein. Die Großen dieses Jahrhunderts trugen Schuhe von ihm, und heute finden sich seine Kreationen in Museen beiderseits des Atlantiks.

Der 1913 in Paris geborene Vivier studierte zunächst an der École des Beaux-Arts in Paris Bildhauerei. Eines Tages bat ihn ein reicher Industrieller, ihm ein Paar ganz besondere Schuhe zu entwerfen. Die Idee, das Einfühlsame der Kunst mit der Schuhmacherei zu verbinden, begeisterte Vivier dermaßen, dass er das Studium aufgab und eine Lehre in einer Schuhfabrik absolvierte.

In den 30er Jahren begann seine lange Zusammenarbeit mit dem amerikanischen Schuhhersteller Herman B. Delman, der jedoch Viviers Entwurf eines Schuhs mit Plateausohle aus Kork verwarf. Die stets von Extremen faszinierte Elsa Schiaparelli nahm jedoch Viviers Plateauschuh in ihre Kollektion von 1938 auf.

Als 1940 die Deutschen Paris besetzten, floh Vivier nach New York, wo er eng mit Delman zusammenarbeitete. Bedingt durch die Materialknappheit jener Zeit wandte er sich der Hutmacherei zu und eröffnete mit Suzanne Remi an der Madison Avenue ein Hutgeschäft namens Suzanne and Roger.

Nach dem Krieg kehrte Vivier nach Paris zurück, wo er mit Christian Dior zusammenarbeitete. Dessen New Look verlangte nach einem neuen Schuh, und Vivier enttäuschte Dior nicht. Während ihrer zehnjährigen Zusammenarbeit kreierte Vivier immer neue Absatzformen, darunter den Bleistift-, Komma- und Pyramidenabsatz. Als einer der Ersten verwandte er durchsichtiges Plastik und präsentierte in den 40er Jahren mehrere Kollektionen, die von diesem Material bestimmt waren.

Er schuf den mit Rubinen besetzten goldenen Ziegenlederschuh, den Elizabeth II. bei ihrer Krönung trug. Auch Marlene Dietrich und die Herzogin von Windsor waren seine Kundinnen. Für Diana Vreeland, die Herausgeberin der *Vogue*, fertigte er rote Stiefel aus Schlangenlederimitat; Mitte der 60er Jahre führte er den schenkelhohen engen Stiefel wieder ein.

Viviers Schuhe stehen weltweit in zahlreichen Museen.

Viviers berühmter »Komma«-Absatz an einem schlanken Seidenpumps mit reicher Zierschnalle; aus der Kollektion von 1963/64.

HÖHEPUNKT DER FRIVOLITÄT

Der hohe, schlanke Bleistiftabsatz erschien jetzt an Schuhen, die vorne weit ausgeschnitten waren und die über der Ferse nur noch von einem dünnen Riemchen gehalten wurden. Die 50er Jahre waren das Jahrzehnt des Designers Roger Vivier, der nun seine mit Juwelen, Steinen, Pailletten und anderem Zierrat besetzten Märchenschuhe schuf. Gegen Ende des Jahrzehnts, als die mandelförmige Kappe die extreme Spitze ablöste, wurden die Abendschuhe wieder etwas bequemer. Perugia schuf Pumps, die ohne starre Versteifungen auskamen und die – ohne die Form zu verlieren – ausreichende Bewegungsfreiheit boten.

Stiefel für den Abend

In den 60er Jahren machte der in Mailand angesiedelte Amerikaner Ken Scott von sich reden, weil er kühn mit Farben experimentierte. Aus glitzerndem Lurex fertigte er T-Riemchenschuhe und mehrfarbige Pumps. Als der Minirock in Mode kam, trug man dazu gern wadenhohe Stiefeletten, auch am Abend. Hohe, bis über das Knie reichende Stiefel trug man zu Hotpants.

Vivier fertigte für Dior kniehohe Stiefel aus Satin, die mit Juwelenimitaten besetzt waren, sowie schenkelhohe Stiefel aus schwarzem, elastischem Material mit Verzierungen aus Silberlurex, Perlen und Gagat. Leinenstiefel wurden appliziert, mit Gold und Silberfäden bestickt und mit Steinen besetzt.

In den späten 60er und frühen 70er Jahren gab es keinen Abendschuh im eigentlichen Sinne, denn alles war möglich: Indische Sandalen sah man ebenso auf der Tanzfläche wie Keilabsätze, extrem dicke Plateausohlen oder elegante, mit Strass besetzte Pumps.

Die mit Strass und Gagat dekorierten Pumps entwarf Herbert Levine 1952; sie wurden von Saks Fifth Avenue in New York verkauft.

Unten: Abendsandaletten aus weißem Satin mit witziger »Fischmaul«-Öffnung und Zierstreifen aus Strass; 1958 entworfen von Herbert Levine.

Oben: Diese Schuhe aus silberner Schlangenhaut verkaufte Simpson Sears in Toronto, Kanada, zwischen 1969 unc 1971. Über die hoch gezogene Lasche laufen zwei mit Schnallen geschlossene Riemchen; die Blockabsätze sind nur mäßig hoch.

45

ABENDSCHUHE

Ken Scott

Ken Scott aus Fort Wayne, Indiana, war in den 60er Jahren eine einflussreiche Persönlichkeit im Modegeschehen. Er hatte an der Parsons School of Design in New York studiert, war dann als Maler nach Guatemala gegangen und hatte Ende der 50er Jahre einen Modesalon in Mailand eröffnet. Bald war er bekannt für seinen experimentierfreudigen Einsatz von Farbe – bei bedruckten Schals wie bei Schuhen. Neben Pumps aus Lurex schuf er Abendschuhe, bei denen er Rot und Grün sowie Orange und Schwarz miteinander kombinierte.

Die Zeit der großen Namen

Die 80er Jahre waren eine Dekade der Designerkleidung; Schuhe machten hier keine Ausnahme. In England waren Schuhe von Manolo Blahnik verpflichtend für die Schickeria, in Frankreich mussten es Schuhe von Robert Clergerie oder Maud Frizon sein. Der inzwischen wieder zu Ehren kommende Abendschuh war mit Stickereien, Gold, Steinen und Perlmutt verziert.

In Amerika traf Joan Halpern ihren Ehemann David, der Präsident der Suburban Shoe Stores war, und begann, für die von ihnen gegründete Firma Joan & David Schuhe zu entwerfen. Nancy Reagan entdeckte David Evins für sich, der Schuhe für die Modeschöpfer Oscar de la Renta und Bill Blass entwarf. In Italien machte Andrea Pfister von sich reden. Er verwendete goldgefärbtes Ziegenleder und trieb den Gebrauch von Farbe auf die Spitze. Zu seinen Kundinnen zählten Monica Vitti, Valentina Cortese, Candice Bergen und Elizabeth Taylor. Luigino Rossi produzierte für Manuel Ungaro, Hubert de Givenchy und Yves Saint Laurent, während René Caovilla, Sohn des Gründers eines der großen italienischen Schuhimperien, für Valentino arbeitete. Caovilla, der Kollektionen aus bestickten, intarsierten und applizierten Stilettos vorstellt, gilt noch immer als führender Designer für Abendschuhe.

In den 90er Jahren zeigte Yves Saint Laurent Abendsandaletten aus Schlangenhaut und der Couturier Christian Lacroix brachte den mit bunten Perlenmustern und mit Gold besetzten Abendstiefel aus schwarzem Satin wieder auf den Laufsteg. Breite, mit Brillanten besetzte Fischschwanzabsätze tauchten für kurze Zeit auf. Die Schuhe selbst waren aus Seide, verziert mit Wellenmustern in zartem Rosa oder Violett. Auch sah man tief ausgeschnittene Schuhe aus glänzendem Samt, dekoriert mit Perlen, Edelsteinen und Federn.

Unten: Das Material dieser Plateausohle besteht aus schwarzem Wildleder, abgesetzt mit Pythonhaut. Der Schuh wurde von 1944 bis 1952 in Kanada verkauft.

Rayne in London verkaufte in den späten 50er Jahren diese Abendschuhe aus goldfarbenem Satin. Auffällig sind die Kreuzriemchen und Strassverzierungen auf dem ausgeschnittenen Vorderblatt.

HÖHEPUNKT DER FRIVOLITÄT

Einen markanten Keilabsatz aus Silberfiligran haben diese schlichten schwarzen Pumps aus den 50er Jahren. Hergestellt von der Firma Holmes in Norwich, England.

René Mancini

René Mancini begann seine Karriere 1936 mit fantasievollen Schuhentwürfen. In den 50er Jahren wurde er zum Schuhdesigner der Reichen und Berühmten, nachdem Couturier Pierre Balmain 30 Paar Schuhe für seine neue Kollektion bei ihm in Paris erworben hatte. Rasch folgten auch Chanel und Givenchy als Käufer. Zu den Kundinnen von René Mancini zählten neben Greta Garbo auch Prominente wie Grace Kelly und Jacqueline Onassis.

Eine Ausnahme unter den Schuhdesignern stellt Maud Frizon dar. Sie fertigt keine Zeichnungen von ihren Entwürfen an und schneidet auch das Leder nicht selbst. Stattdessen kreiert sie ihre Modelle in direkter Zusammenarbeit mit dem Schuhmachermeister in ihrer italienischen Fabrik. Durch diese Arbeitsweise hat sie sich ein Gefühl für die Architektur der Schuhe erworben; Modedesigner wie Claude Montana, Sonia Rykiel und Azzedine Alaïa kaufen ganze Kollektionen bei ihr.

Elsa Schiaparelli, die sich vom Surrealismus inspirieren ließ, hatte während der 30er Jahre mit Künstlern wie Jean Cocteau und Salvador Dalí zusammengearbeitet. Sie entwarf außergewöhnliche Hüte, darunter die »Eistüte« und den »Schuh-Hut«. Ihre Kleider und Drucke waren mutig und ungewöhnlich: ein Mantel, der wie eine Kommode aussah, ein Organdykleid, das mit Hummern bedruckt war. Schiaparelli verwendete ausgefallene überdimensionale Knöpfe, die wie Hummeln, Erdnüsse,

Oben: Rubinroter Slingpumps mit dekorativer Verschlussschnalle. Eine Kreation des franko-amerikanischen Designers Delecta aus dem Jahr 1955.

Unten: Pumps aus weißem Satin mit einer fransenartigen Dekoration aus silbernen, grauen und transparenten Glasperlen. Ein Entwurf von Rossimoda, 1990.

ABENDSCHUHE

Rechts: Hochhackige Abendsandalette aus Glaceeleder von Charles Jourdan, 1978. Die Knöchelriemen werden mit einem Knoten verschlossen.

Links: Der Schuh aus schwarzem Lackleder mit seinem stämmigen geraden hohen Absatz lässt aufgrund der zwei schmalen Vorderblattriemen und des cünnen Knöchelriemens extrem viel Fuß sehen. Ein Entwurf von Joan & David.

Rechts: Abendschuh von Joan & David mit T-Riemchen, hohem geradem Absatz und Plateausohle. Das Blatt besteht aus handgeflochtenem Kalbsleder.

HÖHEPUNKT DER FRIVOLITÄT

Jimmy Choo

In den 80er Jahren verließ Jimmy Choo seine Heimat Malaysia und begab sich nach London, wo er 1989 am Cordwainers College seinen Abschluss machte. In einem stillgelegten Londoner Krankenhaus aus der Zeit der Jahrhundertwende richtete er seine Werkstatt ein und begann Schuhe unter anderem für Prinzessin Diana sowie für die Designer Bruce Oldfield, Jasper Conran, Anouska Hempel und Marc Bohan herzustellen. 1990 interessierte sich das Kaufhaus Bergdorf Goodman für seine Schuhe; ab 1992 waren sie auch bei Galeries Lafayette im Trump Tower in New York zu haben. Inzwischen besitzt Jimmy Choo sein eigenes Geschäft in Londons Knightsbridge, und auch bei Saks Fifth Avenue sind seine farbenfrohen und doch auf hohe Eleganz bedachten Schuhe zu haben.

Diese beiden eleganten Pumps mit spitz zulaufenden Kappen und hohen Pfennigabsätzen entwarf Jimmy Choo 1997.

Lutscher, Gitarren und Federn aussahen. Ihre Handtaschen erinnerten an Ballons: In manchen ging ein Lämpchen an oder sie spielten eine Melodie, wenn man sie öffnete. Cocteau entwarf Schmuck für Schiaparelli, darunter Halsketten mit Gemüsemotiven aus Porzellan oder Insekten aus Metall, die in Plastik eingegossen waren.

Ihre Schuhe entwarf Schiaparelli nicht selbst, doch wie in vielen anderen Modebereichen zog sie auch hier andere Talente an sich. Als Herman Delman Viviers Plateauschuhe als Verrücktheit bezeichnete, nahm Schiaparelli sie in ihre Kollektion von 1939 auf. Auch Perugia ermutigte sie zu seinen bunten Kreationen. Er fertigte Stiefel aus Leoparden- und Affenfell sowie Stretchschuhe aus Streifen von Wildleder und elastischen Stoffen für sie, die keinerlei Schnallen, Riemchen oder Knöpfe benötigten.

In den 30er Jahren hatte Schiaparelli mehr als 2000 Angestellte. Doch als der Zweite Weltkrieg ausbrach, floh sie in die USA, wo sie 1949 in New York einen Modesalon eröffnete. Die große Innovatorin starb 1973 in Paris.

4

Stöckelschuhe

Seit Jahrhunderten tragen Frauen mehr oder weniger hohe Absätze, doch kein Absatz ist so elegant und so sexy wie der Stiletto. Dieser Bleistiftabsatz, der um 1950 in Italien aufkam, entflammte bei Männern wie Frauen leidenschaftlichste Emotionen – und ruinierte ungezählte Fußböden. Der Stiletto (das Wort kommt aus dem Italienischen, wo es die Stilett genannte Stichwaffe bezeichnet, die man in der Renaissance gern für die vielen Meuchelmorde einsetzte) ist ein hoher, dünner Absatz mit pfenniggroßer Lauffläche. Im Deutschen spricht man deshalb auch vom »Pfennigabsatz«.

Erst in den 50er Jahren war es technisch möglich, einen solchen Absatz, der ein hohes Gewicht auf kleinstem Raum tragen musste, herzustellen. Der Designer Roger Vivier ließ sich von dem in Italien vorgestellten Stiletto inspirieren und schuf 1955 für den Couturier Christian Dior noch dünnere, noch höhere Absätze – den *Talon aguille* (die »Nadel«) und den *Talon choc* (den »Schock«) genannten etwas niedrigeren Bleistiftabsatz.

Oben: Lange bevor der Stöckelschuh eingeführt wurde, gab es kräftige hohe Absätze aus Leder oder Holz. *Rechts:* Ein Stiletto mit Leopardenfellmuster von Andrea Pfister.

STÖCKELSCHUHE

Zwischen dem 15. und 17. Jahrhundert trug die feine Venezianerin für die wenigen Schritte zwischen Palazzo und Gondel so genannte Zoccoli (Stelzpantoffel), um ihre zarten flachen Seidenschuhe vor Straßenschmutz zu schützen. Erfunden hatten diese Mode um 1300 die Spanier, bei denen die Frauen einen *Chapine* genannten Stelzpantoffel mit geradem Sockel trugen.

DER ABSATZ ALS PROVOKATION

Die Bezeichnung *Talon aguille* bedeutet wörtlich übersetzt »Adlerkralle«. Mit diesem Begriff wird der klassische, im Deutschen als »Nadel« bezeichnete Absatz gemeint, der von einer relativ breiten Basis ausgehend in einem leichten äußeren Bogen nach unten verläuft und sich knapp über Bodenhöhe wieder ein wenig verbreitert. Der »Schock« genannte Absatz ist an der Außenseite etwas weniger geschwungen, hat dafür aber an der oberen Innenseite einen ausgeprägteren Bogen. Der später ebenfalls von Vivier vorgestellte – »Prisma« genannte – Absatz verläuft innen wie außen gerade, verjüngt sich aber von der Basis zur Lauffläche hin. All diese Absatzformen wurden erst möglich, als man auf die Idee kam, in die Mitte des mit Leder verkleideten Absatzes einen Stahlstift zu setzen, der das auf ihm lastende Gewicht tragen konnte.

Der Absatz ist zwar eine relativ junge Erfindung, doch hoch hinaus wollte man schon sehr viel früher. In einem altägyptischen Grab in Theben fand man den ersten Vorläufer des Stilettos; er datiert aus der Zeit um 1000 v. Chr. Da körperliche Größe ein Gefühl von Überlegenheit und Macht gibt, trugen die Götter und Helden in den Tragödien des griechischen Theaters einen Kothurn genannten Schuh mit hoher Plateausohle. Dieser hob sie symbolisch über die menschliche Größe und Natur hinaus. Auch im Nahen und Fernen Osten waren Größe und gesellschaftlicher Rang miteinander verquickt. Bei seiner Krönung im Jahr 1926 trug der japanische Kaiser Hirohito so genannte Getas – Plateauschuhe von 30 cm Höhe. Im Orient trugen Frauen bis ins 20. Jahrhundert hinein Holzsandalen mit zwei Stegen, die oft kostbar mit Elfenbein oder Perlmutt intarsiert waren. Diese Kapkap genannten Stelzschuhe waren möglicherweise das Vorbild für die um 1300 in Spanien aufkommenden *Los chapines* – 10 bis 15 cm hohe gerade Sockel aus Kork mit einer Lasche über dem Spann. Die Frauen trugen sie auf der Straße als Überschuh, um sich vor dem Straßenschmutz zu schützen. Später wurden die Sohlen immer höher. Man verzierte sie, überzog sie mit Samt, Seide oder feinem Leder und schmückte sie mit Edelsteinen. Als die *Los chapines* Höhen bis zu 50 cm erreichten, war es unmöglich für eine Frau, damit ohne Dienerin – die sie stützte – zu laufen. Außerdem drohten die spanischen Korkvorräte zur Neige zu gehen.

Dieser Zoccolo einer venezianischen Aristokratin ist 55 cm hoch.

DER ABSATZ ALS PROVOKATION

»First steps« – erste Schritte – nannte Allan Jones dieses Bild. In den 60er Jahren schuf der Künstler viele Bilder, die seiner Begeisterung für Stöckelschuhe Ausdruck gaben.

Von Spanien aus verbreitete sich dieser Stelzpantoffel nach Frankreich (wo er *Chopine* genannt wurde), nach England und nach Italien. In Venedig bekam er seinen eigenen Namen und seine eigene, etwas elegantere Form: Er hieß dort Zoccolo, hatte einen geschweiften Sockel und war hinten etwas höher als vorn. Selbstverständlich wurde auch er reich verziert.

Von der Stelze zum Absatz

Die aus Florenz stammende Katharina von Medici soll den hohen Absatz am französischen Königshof eingeführt haben. Als die erst 13-jährige Katharina 1533 nach Paris kam, um dort den späteren König Heinrich II. zu heiraten, soll sie eine Reihe hochhackiger Schuhe im Gepäck mitgeführt haben, die ein italienischer Schuhmacher für sie angefertigt hatte. Im Sturm soll diese Mode den französischen Hof eingenommen und sich bald in der ganzen europäischen Aristokratie ausgebreitet haben. Tatsächlich ist bis heute nicht ganz geklärt, wann erstmals ein Damenschuh mit einem unabhängigen Absatz versehen wurde. Unbestritten ist jedoch, dass zuerst Herrenschuhe Absätze bekamen.

Noch zur Zeit der Chopinen hatte das englische Parlament ein Gesetz herausgegeben, demzufolge ein Ehemann seine Ehe annulieren lassen konnte, wenn die Braut ihm durch hohe Schuhe eine falsche Körpergröße vorgetäuscht hatte; außerdem drohte ihr eine Anklage wegen Hexerei.

In seiner ab 1790 verfassten Autobiographie »*Geschichte meines Lebens*« gesteht Giacomo Casanova seine Liebe zu hohen Absätzen und preist sie, weil sie die Frauen zwingen, beim Gehen die Reifröcke zu raffen – was einen Blick auf den vorblitzenden Fuß gestattet.

Im 19. Jahrhundert engagierte ein Nobelbordell in New Orleans – es wurde von einer Madame Kathy geleitet – eine Französin, die hohe Absätze trug. Da diese bei den Kunden des Etablissements sofort ein Riesenerfolg waren, bestellte Madame Kathy in Paris auch für die anderen Mädchen Schuhe mit »französischen Absätzen«. Andere Bordelle zogen nach, und die Männer begannen, ihre Ehefrauen zu drängen, sich ebenfalls nach der aufregenden neuen Mode zu kleiden. 1880 eröffnete die erste Fabrik in Massachusetts, die Schuhe mit hohen Absätzen herstellte.

Trend zu Höherem

Die ersten hohen Absätze für Damenschuhe waren die französischen, stark nach innen geschweiften Louis-quinze-Absätze. Als man versuchte, die Absätze höher zu machen, musste man sie zwangsläufig gerader gestalten. Schon vor der Jahrhundertwende, als es bereits zehn und zwölf Zentimeter hohe, wenngleich sehr dicke Absätze gab, warnten Orthopäden vor den Gefahren solcher Schuhe.

Höhere, geradere Absätze sahen eleganter aus als der geschweifte Absatz, doch die Möglichkeiten der dafür verwendeten Materialien waren begrenzt.

Fortsetzung Seite 56

Diese Stöckelschuhe mit romantischem Blumenmuster und flacher Schleife auf dem Vorderblatt entwarf Roger Vivier 1960 für Christian Dior.

Ein erster früher Vertreter des leicht geschwungenen Bleistiftabsatzes aus Frankreich, 1951.

DESIGNERPROFIL

Azagury

Joseph Azagury, der Mitte bis Ende der 80er Jahre in der Schuhabteilung von Rayne bei Harrods arbeitete, lernte sein Metier aus der Beobachtung dessen, was die Kunden wünschten und kauften.

Ein bequemer Kalbslederpumps mit zurückhaltender Lochverzierung über dem Rist und an der Ferse.

Spitz zulaufende hohe Wildlederstiefel mit Reißverschluss und Bleistiftabsatz.

Der Anfang der 60er Jahre in Marokko geborene Azagury kam über Paris nach London. Nach einer Stippvisite in der Schuhabteilung von Rayne bei Harrods besuchte er das Cordwainers College, um das Handwerk des Schuhdesigners von der Pike auf zu lernen. Er arbeitete überall auf der Welt, ehe er sich zusammen mit seinem Schwager Robert Zermon in London niederließ. Zermon trieb das Geld auf, das gebraucht wurde, um Azagury zum Durchbruch zu verhelfen. Dieser wollte Schuhe vorstellen, die die Handarbeit erkennen ließen und doch erschwinglich waren. Das Vorhaben gelang, und bald bekam Azagury 20 000 Bestellungen pro Jahr.

1991 eröffnete er sein erstes Geschäft in London. Obwohl Azagury elegante Damenschuhe kreiert, sind seine Entwürfe oft auch innovativ und mutig. Seine Karreekappen und seine Korkenzieherabsätze sind ebenso berühmt geworden wie seine schlichten, sinnlich wirkenden Sandalen und Sandaletten. Inzwischen vertreibt er in seinem Londoner Geschäft auch Herrenschuhe und lässt in Italien Taschen für sich produzieren.

Azagury behauptet, keinen bestimmten Kundentyp im Auge zu haben. »Ich habe versucht, für einen bestimmten Typus Schuhe zu entwerfen, aber es hat sich nicht bewährt. Letztlich muss ich machen, was mir selbst gefällt, und mich dabei auf mein Gefühl verlassen«, sagt er. Seine typische Kundin ist die anspruchsvolle, gepflegte, modebewusste Frau zwischen 18 und 60 Jahren, seien es Sekretärinnen oder Supermodels. Zu seiner Klientel gehören das Model Marie Helvin, die Schauspielerin Susannah York und die Sängerin Natalie Cole.

Auf der Mittelmeerinsel Menorca besitzt er eine Fabrik mit 18 Angestellten – ein günstiger Standort, denn sowohl aus Spanien als auch aus Italien kann er hochwertige Materialien und Leder beziehen. Azagury fertigt nicht nur Schuhe nach eigenen Entwürfen, er führt auch sein eigenes Geschäft und beliefert andere Geschäfte in Großbritannien, darunter das Kaufhaus Harrods. Außerdem veranstaltet er Ausstellungen, um mit seinen Kunden in den USA und Europa in Verbindung zu bleiben. Modemagazine wie *Elle* und *Vogue* berichten mit Vorliebe über seine Schuhe.

Obwohl er bereits weltweit verkauft, möchte Azagury mit seinen eigenen Geschäften noch expandieren. In Großbritannien eröffnet er weitere Läden; die USA, Australien und der Ferne Osten werden bald folgen. Er ist nicht nur ein talentierter Designer, sondern auch ein überaus tüchtiger Geschäftsmann.

Moderne Version eines bequemen 30er-Jahre-Pumps (*oben***).
Knöchelriemenpumps aus rotem Wildleder (***unten***).**

STÖCKELSCHUHE

In den 20er und 30er Jahren zogen intellektuelle Frauenrechtlerinnen, die man gern verächtlich als »Blaustrümpfe« titulierte, gegen die hohen Absätze zu Felde. Der Zweite Weltkrieg bedrohte den hohen Absatz jedoch viel nachhaltiger, denn Leder wurde nun rationiert. Der ideenreiche Italiener Salvatore Ferragamo entwickelte Schuhe aus ungewöhnlichen Materialien, die billig und leicht zu haben waren. So kreierte er die Plateausohle aus Kork und den Keilabsatz aus dem gleichen Material. Gleich nach dem Krieg kamen diese Schuhe jedoch wieder aus der Mode. Der 1947 von Dior lancierte New Look brachte wieder Weiblichkeit in die Kleiderlinie und verlangte nach einem eleganten schlanken Schuh. Praktische Schuhe mit dicken Sohlen hatten für viele Jahre ausgedient.

Elegante Technik

Viele Schuhmacher arbeiteten bereits an dem architektonischen Stil, den Diors durchstrukturierte Mode verlangte. In Italien hatte man eine Sandalette mit schmalen Riemchen und hohem Absatz entwickelt. Das erlesene und dennoch sehr funktionale Aussehen dieser Schuhe ergänzte Diors New Look hervorragend. Obendrein wirkten diese Sandaletten sehr erotisch, ließen sie doch den Fuß gut sichtbar werden, während der restliche Körper verhüllt blieb. Designer wie Ferragamo, André Perugia und Charles Jourdan begaben sich in einen Wettstreit um den schlanksten und elegantesten Absatz. Das größte Problem war dabei das Holz, aus dem die Absätze üblicherweise gefertigt wurden. Es konnte dem enormen Druck, der auf ihm ruhte, nicht standhalten: Die Absätze brachen ganz einfach. Zunächst versuchte man, den Absätzen von außen Halt zu geben, indem man sie in flüssiges Kupfer tauchte. Da der dünne Metallmantel dem Absatz tatsächlich mehr Halt gab, griffen viele Schuhhersteller das Verfahren auf. Ferragamo benutzte Messing und sogar Goldlegierungen für seine Absätze, doch letztlich waren alle eingesetzten Metalle zu weich: Wenn der Absatz zu dünn war, konnte er das auf ihm ruhende Gewicht nicht tragen.

1931 kreierte André Perugia für Charles Jourdan diesen Stiletto in Fischform.

Unten: Von Ferragamo 1960 entworfener schlichter roter Pumps mit Pfennigabsatz. In den frühen 60er Jahren wurden solche Schuhe sehr häufig getragen.

Oben: Slingpumps mit hohem Absatz von Ferragamo. Das textile Vorderblatt ist durchbrochen, bestickt und mit kleinen Glasperlen besetzt. Der Fersenriemen besteht aus Glaceeleder.

DER ABSATZ ALS PROVOKATION

Einige Designer kamen deshalb auf die Idee, einen Stahlstift mit Plastik zu umkleiden, da Stahl das einzige Metall war, das dem enormen Druck standhielt. Dieser Stahlstift der 50er Jahre war eine Initialzündung für die Designer.

Zwei italienische Hersteller, Del Co und Albanese, hatten ähnliche Absätze entwickelt, wobei Albaneses Entwurf der radikalere war. Er stellte eine Abendsandalette mit zwei dünnen Riemchen und einem fast unter der Fußwölbung sitzenden Absatz vor. Dieser Absatz war nach hinten gebogen, sodass seine Spitze unter der Mitte seiner Basis lag. Durch die Konstruktionshilfen eines Flugzeugingenieurs gelang es einem anderen Designer, Roger Vivier, diesen Absatz in seinen berühmten »Komma«-Absatz umzuwandeln.

Der Lorbeer dafür, den Stiletto eingeführt zu haben, ging deshalb an Vivier. Das ist nicht ganz ungerecht, denn der Designer verband den hohen Absatz mit dem geschlossenen Pumps und stellte so als Erster den klassischen Stöckelschuh vor. Als Gegengewicht zum hohen Absatz schuf er die lange, extrem spitz zulaufende Kappe. Auch schmückte und verzierte er einige seiner Kreationen derart mit Stickereien, Perlen, Steinen und Strass, dass es jeden Schuh des 18. Jahrhunderts ausstach.

Vivier hatte einen Stil kreiert, doch die Italiener stellten Schuhe für den Massenmarkt her. Die USA, ursprünglich die Heimat der maschinell hergestellten Schuhe, wurden ab 1957 einer der wichtigsten Abnehmer der in Italien produzierten Ware. Die Importschuhe waren nicht ganz so hoch wie die handgefertigen Originale der Pariser Couture, doch die Italiener verfeinerten den Stil, indem sie sein ureigenstes Element

»Ohne Titel« (*rechts*), ein Bild in Airbrushtechnik von Allan Jones. Superhohe Stilettos zwingen die Füße der Frau auf die Zehenspitzen.

Goldfarbener Pumps von der Schweizer Firma Bally, 1961. Er hat eine spitze Kappe und einen zurückhaltenden Zierstreifen aus schwarzem Leder um den Ausschnitt.

Stiletto-Subkultur

In den 50er Jahren entwickelte sich eine Subkultur um den Bleistiftabsatz. Spezielle Firmen stellten Schuhe mit bis zu 18 cm hohen Absätzen her, die den Fuß in die Vertikale hoben. Der Maler Allan Jones übertrug die Erotik des Stilettos in die Kunst; der Illustrator Antonio Lopez malte Frauen, die sich in Stilettos verwandelten, und der amerikanische Fotograf Robert Mapplethorpe lichtete Models ab, die Stilettos nahezu verschlangen.

57

DESIGNERPROFIL

Prada

Anfang der 70er Jahre war Miuccia Prada als politisch aktive Feministin und Mitglied der Kommunistischen Partei bekannt. 1978 erbte sie das Familienunternehmen und machte aus einem kleinen, aber renommierten Lederwarenbetrieb ein Modehaus mit Kultstatus.

Schon als Miuccia Prada in ihrer Jugend für ihre politischen und feministischen Ziele auf die Barrikaden ging, besaß sie ein instinktives Gefühl für Mode. »Ich merkte, dass, was immer ich trug, ein paar Jahre später andere auch zu tragen begannen.«

Ab 1978 vernachlässigte sie die Politik und übernahm den Lederwarenbetrieb, den ihr Großvater Mario Prada 1913 in Mailand gegründet hatte. Anstatt auf Leder zu setzen, was in der Tradition des Unternehmens häufig geschah, entwarf sie ihren heute so berühmten schlichten schwarzen Nylonrucksack, den sie in einer italienischen Fallschirmfabrik herstellen ließ.

Pradas Markenzeichen im Bereich der Schuhe sind ihre Stiefel mit den markanten Karreekappen. Sie sind Teil des speziellen Mädchenlooks, mit dem sie die Modewelt auf den Kopf gestellt hat. Miuccia Prada hat Fans in allen Gesellschaftsschichten und Gruppierungen, etwa die zur extravaganten Lesbenszene gehörende Popsängerin K. D. Lang. Ihrer Meinung nach hat Pradas Anziehungskraft mehr mit Selbstvertrauen und Autorität zu tun als mit Verwundbarkeit und Sexappeal. *Vogue* dagegen meint, Prada verfüge über eine angeborene Fähigkeit, den Frauen den Eindruck zu vermitteln, sich weiblich zu fühlen, ohne sich zum billigen Objekt machen zu müssen. Es sei dies eine Konsequenz der tiefen Überzeugungen Miuccia Pradas.

Als Teil ihrer rückwärts gewandten Linie führte Prada den klassischen Schlupfschuh, den Stiefel und mädchenhafte T-Riemchenschuhe wieder ein. Kritiker werfen ihr vor, sie versuche, die 50er Jahre wieder aufleben zu lassen. Dem hält sie entgegen, dass es augenblicklich keine dramatischen Veränderungen gebe; es herrsche eben eher eine Zeit der Rückbesinnung. Ihrer Ansicht nach waren die 50er Jahre eine Zeit der drastischen Veränderungen. Jeder habe Neues gedacht und den Blick auf die Zukunft gerichtet. In den 60er und 70er Jahren hätten sich die revolutionären Veränderungen noch fortgesetzt, doch momentan ereigne sich nichts Aufregendes. »In einer Welt, die nicht revolutionär ist, kann man keine revolutionären Kleider kreieren. Die Mode ist ein Spiegelbild des Lebens, das wir führen«, sagt sie. Doch sie hält die Wiederentdeckung der Weiblichkeit für einen ernsthaften Trend, den ihre Firma eingeleitet hat.

In der Fußbekleidung versucht sie, durch neue Farben und neue Materialien den Stilen und Linien der Vergangenheit neue modische Relevanz zu geben. Etwa 30 Prozent des Unternehmens Prada widmen sich der Kleidermode, 50 Prozent sind mit Handtaschen und anderen Accessoires ausgelastet, und nur 20 Prozent entfallen auf die Fußbekleidung. Obwohl alle Teile zusammen ausgestellt werden, gibt es doch nur wenige Überschneidungen »Jedes Teil muss für sich stehen und bestehen«, sagt Miuccia Prada.

Auch wenn man Pradas Entwürfe nicht bei Oscarverleihungen und Filmpremieren sieht, tragen Schauspielerinnen wie etwa Natasha Richardson ihre Schuhe privat.

Mitte der 90er Jahre stellte Prada diese Pumps mit langem Fuß und geradem Prismaabsatz vor.

Dieser Pumps mit spitzer Kappe und sehr breitem geradem Absatz stammt aus der Kollektion von 1997/98.

DER ABSATZ ALS PROVOKATION

Links: Dieser Pumps von Raphael, Rom, aus dem Jahr 1962 hat ein mit kleinen Perlen reich verziertes Blatt und einen sehr feinen französischen Absatz.

enthüllten – die umwerfende Eleganz des ungeschmückten Stilettos. Während in punkto Kleidung niemand den Franzosen das Wasser reichen konnte, waren die Italiener unangefochtene Meister des Schuhs. Sie besaßen das handwerkliche Können und die schuhmacherische Tradition, und sie entwickelten sich schnell zu Meistern der Massenproduktion. Da europäische und amerikanische Schuhfabriken schnell erkannten, dass die Italiener den Ton und die Richtung angaben, produzierten bald auch Firmen wie Bally in der Schweiz, Russell & Bromley in Großbritannien, und Delman und Saks Fifth Avenue in New York leichte Riemchensandaletten mit hohem Absatz in jenem italienischen Stil, der bei Frauen so gut ankam.

Ein 1962 von Perugia für Charles Jourdan geschaffener Schuh mit einem Korkenzieherabsatz.

Sexgöttinnen und Stöckelschuhe

Spitze hohe Stöckelschuhe und Slingpumps waren die bevorzugte Fußbekleidung der Sexgöttinnen des Kinos. Die italienischen Schuhe waren bei den Filmstars nicht nur wegen Ferragamos Verbindungen nach Hollywood beliebt. Brigitte Bardot und Elizabeth Taylor zeigten sich in nadelspitzen Stilettos und Jayne Mansfield besaß mehr als 200 Paar davon. In dem Streifen *Die oberen Zehntausend* schlürfte Frank Sinatra 1956 Champagner aus einem Stöckelschuh, und 1960 stieg Anita Ekberg, ihre Stilettos in der Hand, im Film *Das süße Leben* in den Trevi-Brunnen.

Ferragamo schuf Stilettos für Sophia Loren, allerdings rundete er die Kappen um der Bequemlichkeit willen ein wenig. Perugia verfeinerte das Design weiter – bis zu einem Entwurf mit waffeldünner Sohle, feinsten Riemchen und einem gefährlich

»Madeleine« – ein Pumps mit Bleistiftabsatz von Bally aus braunem Wildleder mit spitzer Kappe aus schwarzem Lack, 1961. Das Blatt zieren seitlich drei Riemchen mit aufgesetzten Knöpfen.

Absatzschäden

Ein unangenehmer Nebeneffekt der Pfennigabsätze war ihre zerstörerische Wirkung auf Fußböden. Ob Linoleum oder Parkett, ob Teppich oder Teppichboden, sie alle liefen Gefahr, von den winzigen Laufflächen der Absätze, auf denen das ganze Körpergewicht der Trägerin ruhte, platt gedrückt und sogar durchbohrt zu werden. Der Asphalt vieler südländischer Städte war übersät mit Absatzeindrücken, und bald schon war es untersagt, öffentliche Gebäude mit Pfennigabsätzen zu betreten; auch in Flugzeugen waren sie aus Sicherheitsgründen verboten. Keine Trägerin von Stöckelschuher war davor gefeit, mit ihren Absätzen im Straßenpflaster hängen zu bleiben.

59

STÖCKELSCHUHE

Abendschuhe aus scharlachrotem Satin mit Bleistiftabsatz; entworfen von Jimmy Choo, 1997. Originell sind die langen Riemchen, die um das Bein gewunden werden.

dünnen, wie ein Fragezeichen geformten Absatz; dieser bestand aus einer Stahllegierung, die mit Gold platiniert war. Marilyn Monroe kommentierte: »Ich weiß nicht, wer den hohen Absatz erfunden hat, doch alle Frauen schulden ihm eine Menge ... Es war der hohe Absatz, der mir zu meiner Karriere verholfen hat.«

Ohne Zweifel verdankte die Monroe dem Stöckelabsatz ihren hüftschwingenden Gang: Doch um diesen noch zu verstärken, ließ sie sich einen Absatz immer ein bisschen kürzer machen als den anderen. Da die Mansfield, die Monroe und die anderen Sexsymbole der 50er Jahre den Stöckelschuh trugen, assoziierte man in der Öffentlichkeit sehr schnell Sexappeal mit diesem Schuh.

Gesundheitsrisiken

Kaum hatten sich die Stöckelschuhe bei den Frauen durchgesetzt, hörte man Warnungen von Seiten der Mediziner. Alle möglichen Gesundheitsprobleme – von gynäkologischen Symptomen bis zur Jugendkriminalität – wurden auf den Stöckelschuh geschoben. Orthopäden verwiesen auf Röntgenaufnahmen von Füßen, um die negativen Folgen der gefährlichen Absätze zu demonstrieren. Andere behaupteten, eine Frau verbrauche beim Laufen auf einem 8 cm hohen Absatz doppelt so viel Energie wie beim Gehen mit flachen Schuhen. Man prophezeite Ballenentzündungen, Hammerzehen, geschwollene Knöchel und eine frühzeitig verkrümmte Wirbelsäule.

Obwohl die Industrie sich bemühte, neue Schuhmoden einzuführen, erfreute sich der Pfennigabsatz bleibender Beliebtheit. In den 60er Jahren trugen Batmans Erzfeind *Catwoman*, die von Jane Fonda dargestellte *Barbarella* sowie Emma Peel in der

Unten: Abendsandalette von Yves Saint Laurent aus schwarzem Wildleder sowie Kreuz- und Fersenriemchen aus silbernem Glaceeleder; entworfen 1990.

Zwei elegante Pumps des italienischen Designers Rossimoda. Den mit Goldspitze überzogenen Pumps mit Nadelabsatz (*links*) schuf er 1990/91. Für Yves Saint Laurent entwarf er 1988 die strassbesetzten Pumps (*unten*) mit Metallabsatz.

DER ABSATZ ALS PROVOKATION

Riemchensandalette »Cage«, entworfen 1990/91. Die Riemchen sind aus schwarzem Wildleder mit einer Innenseite aus goldfarbenem Ziegenleder.

Kultserie *Mit Schirm, Charme und Melone* allesamt Stiefel mit hohen Bleistiftabsätzen. In den 70er Jahren musste der Pfennigabsatz für kurze Zeit der wiederkehrenden Plateausohle weichen, doch gegen Ende des Jahrzehnts fügten Models wie Beverley Johnson und Jerry Hall ihrer ohnehin schon beachtlichen Größe noch einiges hinzu, indem sie ihre sehnigen Beine in Riemchensandaletten mit hohen Absätzen steckten.

Die 80er Jahre waren das Jahrzehnt der Schulterpolster; der hohe Absatz ergänzte die dadurch erzeugte kräftige Y-Linie. Der Topdesigner Manolo Blahnik verkaufte den Stiletto teuer und machte ihn damit wertvoll – was ihn von seinem etwas zweifelhaften Image eines Schuhs, der mit Sex und Rotlichtmilieu verknüpft ist, befreite. Jetzt umgab ihn das Flair von Esprit, Extravaganz und Glamour.

Mitte der 90er Jahre betitelte man den Stiletto als den »Wonderbra« der Füße, nannte ihn ein postfeministisches Statement und eine für jedermann sichtbare Zurschaustellung von Sexualität und Weiblichkeit. Ein paar Jahre später flog der Wonderbra jedoch in die Ecke und der Stöckelschuh gleich hinterher. Stattdessen kamen wieder die Plateausohle und der hohe, dicke Blockabsatz zu Ehren.

Zwei Pumps mit extrem hohen Absätzen (*ganz oben* und *oben*), aus einem Katalog von Charles Jourdan.

Unten: Pumps aus schwarzem Lack mit Metallabsätzen von der chinesisch-kanadischen Designerin Anne Michelle, 1987.

Links: Für die Firma Beltrami schuf Rossimoda 1990 diesen Stöckelschuh mit rotem Absatz und Fersenteil aus Leder. Die Kappe besteht aus weißem Satin mit schwarzer Rüschenborte und textilen Zierstreifen.

61

5

Sandalen

Die Sandale gehört zu den ältesten und einfachsten Schuhen. In Regionen mit warmem Klima entwickelt, wird sie niemals unmodern werden, weil sie praktisch und bequem zu tragen ist. Man vermutet, dass die Sandalen, die im Grunde nicht mehr sind als eine Sohle mit Halteriemen, im Mittelmeerraum um etwa 3000 v. Chr. erfunden wurden. Auf der Vorder- und Rückseite der berühmten Siegestafel des Königs Narmer, der um 2900 v. Chr. herrschte, sieht man einen Diener, der die Sandalen des Königs in der Hand trägt. Weitere alte Fundstücke stammen ebenfalls aus Ägypten. Sie sind aus Palmblättern geflochten und mehr als 3000 Jahre alt. Auch aus Papyrus, Leder und Holz wurden Sandalen gefertigt; die Prunksandalen der Pharaonen waren aus Gold- oder Silberblech. Ursprünglich durften nur Ägypter von Rang Sandalen tragen – das Volk ging barfuß.

Drei ägyptische Palmblattsandalen. Die spitz zulaufenden Sandalen stammen aus Theben aus der Zeit um 1300 v. Chr, die gerundete wurde in Achmim in Oberägypten um 100 n. Chr. getragen. *Rechts:* Eine moderne Birkenstock-Sandale mit dicker Sohle und schwarzen Riemen.

SANDALEN

EINE UNSTERBLICHE MODE

Innerhalb des Hauses pflegten die alten Griechen barfuß zu gehen, doch auf der Straße trugen sie Sandalen mit Leder-, Filz- oder Raffiabastsohlen, die verschiedenste Arten von Riemen und Schnürungen aufwiesen. Das Schuhwerk der Römer zeigte eine noch viel größere Vielfalt: Jede Schuhart hatte eine derart genau festgelegte Bestimmung, dass man am Schuh ablesen konnte, welchen Standes sein Träger war. Römische Soldaten trugen die *Caliga* genannte Sandale mit dicker Ledersohle, die, je nach Rang des Soldaten, genagelt war. Die Sandalen der Reiterei hatten sogar Nägel im Schnitt, die als Sporen dienten. Bei hohen Offizieren waren diese Sporennägel aus Silber oder Gold. Die *Caliga* war von den Zehen bis zur Ferse mit Lederstreifen versehen; einige Riemen liefen über den Knöchel bis zur Wade. Unter der Sandale trugen die Soldaten als zusätzlichen Schutz meist strumpfähnliche Beinlinge aus Wildleder. Gaius Cäsar, von 37 bis 41 n. Chr. römischer Kaiser, hatte seine Jugend in Germanien unter Soldaten verbracht und die Sandalen eines gewöhnlichen Soldaten in Kindergröße getragen. So gaben Soldaten ihm deshalb den Spitznamen Caligula – Stiefelchen.

Mit dem Fall des Römischen Reiches fielen auch die Sandalen in der westlichen Welt in Ungnade. Erst in der Zeit des Directoire (1795–1799) kamen sie in Frankreich im Zuge der Rückbesinnung auf alles Klassische für kurze Zeit wieder in Mode.

Rivierastil

Während der 1920er Jahre, als sich Schriftsteller aus aller Welt in Paris einfanden, machten der amerikanische Autor F. Scott Fitzgerald und seine Frau Zelda es zur Mode, die Ferien an der französischen Riviera zu verbringen. Sonnengebräunte Haut, Badeanzüge und Sandalen entsprachen dieser neuen Strömung. Als eine der Ersten griff Coco Chanel den Trend auf. Zusammen mit ihren lege-

Unten: Diese Abendsandalette aus plissiertem Glaceeleder schuf André Perugia 1928 für Josephine Baker. Deren Wahrzeichen war nicht nur das Bananenröckchen, sondern auch der Turban, der in diesem Schuh ein Echo findet.

Eine flache Sandale von Bally aus dem Jahr 1934 (*rechts*). Sie hat über Kreuz verlaufende Ristriemen und einen mit Schnalle geschlossenen Knöchelriemen aus gestreiftem Grosgrain.

EINE UNSTERBLICHE MODE

In Österreich hergestellte Holzsandalen mit Scharniergelenk und Blockabsatz aus dem Jahr 1934. Die Riemchen sind aus bordiertem buntem Webband. Auf dem Ristriemen sitzt eine Kordelschleife mit zwei Holzperlen.

Espadrilles

Unter Espadrilles versteht man im ursprünglichen Sinn Stoffslipper der spanischen Fischer. Sie haben dicke Sohlen aus geflochtenem Espatogras. Leute, die es sich leisten konnten, sowie Künstler, die seit der Jahrhundertwende an die Strände des Mittelmeeres drängten, entdeckten den bequemen, aus Leinen oder Segeltuch gefertigten Slipper bald für sich. Chanel stellte 1995 eine zweifarbige Variante vor. Einer der beiden Schuhe hat dabei eine schwarze, der andere eine weiße Kappe – mit entsprechend umgekehrtem Restteil. Die extrem langen Bänder werden um das Bein geführt und elegant gebunden.

ren Kleidern kreierte sie die Sandale mit Fersenriemen. André Perugia, der an der Riviera aufgewachsen war, begann elegante hochhackige Sandalen für den Abend zu entwerfen. Damit war er seiner Zeit weit voraus, denn noch galt es als unschicklich für eine Dame, in Gesellschaft ihre Zehen zu zeigen.

Mit seinen Sandalen war Perugia ein mutiger Vorreiter. Ein Meister in der Handhabung der Materialien, schuf er Sandalen aus glänzendem Schlangenleder, lilafarbenem Samt und perlfarbener Eidechsenhaut. 1928 fertigte er eine Sandalette für Josephine Baker, die zu ihrem Turban passte. Das zartlila Leder des zehenfreien Vorderblatts und der Fersenkappe war wie ein Turban plissiert. 1929 schuf Perugia die »Maskenpantolette« – ein hinten offener und vorn geschlossener Schuh mit einem breiten Ristband in Form einer Maske.

Die amerikanische Sandale

Während Perugia in Frankreich arbeitete, führte Salvatore Ferragamo die Sandale von Italien aus in den USA ein. Für Cecil B. DeMilles großen Kostümfilm *Die Zehn Gebote* hatte er 1923 die Sandalen kreiert und sich dabei große Fertigkeit in der Herstellung dieser Schuhe erworben. Immerhin musste er binnen eines Jahres 12 000 Stück davon liefern. Um 1925 entwickelte Ferragamo auch seine Version der römischen Sandale, die mit einem Knöchelriemen schloss. Die revolutionäre Stahlleiste, die er bei seinen hohen Schuhen zur Stützung des Fußgewölbes einbaute, erlaubte es ihm, zierliche Sandaletten zu fertigen, die viel Fuß zeigten. Im warmen Klima Kaliforniens setzten sich seine Kreationen rasch als Abendschuh durch, und nachdem Filmstars sie erst einmal auf der Leinwand getragen hatten, stand ihrem weltweiten Durchbruch nichts mehr im Wege.

Die Weltwirtschaftskrise Ende der 20er Jahre war für die Sandale förderlich, denn da die Menschen kein Geld für andere Vergnügungen hatten, gingen sie zum Strand oder machten Radtouren. In Europa ging man Wandern, was der Einführung der flachen Sandale entgegenkam.

Auf der Straße

Die Begeisterung für Sandalen wirkte sich auch auf den Pumps aus. 1936 wurde ein Pumps mit Zehenausschnitt vorgestellt, der sofort ein Erfolg war. Der Slingpumps mit offener, nur von einem Riemchen umschlossener Ferse folgte bald nach, aber beide waren keine Konkurrenz für die Sandale, die sich immer mehr durchsetzte. *Vogue* war empört und wetterte, es sei nicht nur geschmacklos, Sandalen

Abendsandaletten aus goldfarbenem Leder mit mäßig hoher Plateausohle, kräftigem Absatz und einem Knöchelriemen; hergestellt 1940.

65

Coco Chanel

Gabrielle »Coco« Chanel, die 1913 in Deauville in Frankreich ihr erstes Geschäft eröffnete, entwickelte bis zum Ende des Ersten Weltkriegs ihren typisch sportlich schlichten Stil, für den sie preiswerte Jerseystoffe verwendete. Später siedelte sie nach Paris über, wo sie die Welt der Haute Couture 60 Jahre lang dominierte. Auf dem Höhepunkt ihrer Karriere beschäftigte sie 3500 Angestellte.

Chanel führte schwarze Sandalen mit Samtkappen, scharze Pumps mit Kristallschnallen und Abendschuhe aus Lackleder ein. 1935 zeigte die französische *Vogue* eines ihrer Abendkleider mit schwarzen Satinschuhen mit flachem Absatz – eine Idee, die viele Designer in den 80er Jahren kopierten.

1957 entwarf Chanels Schuhdesigner Raymond Massaro einen zweifarbigen Slingpumps mit schwarzer Kappe und beigefarbenem Korpus und Absatz, der den Fuß kleiner erschienen ließ. Der Schuh stellte eine bequeme Alternative zum Stöckelschuh dar, war ein großer kommerzieller Erfolg und wurde häufig nachgeahmt. Vor allem aber war er die ideale Ergänzung zum Chanel-Kostüm, das seit 1954 in einheitlichem Grundstil, aber immer neuen Varianten von Chanel herausgebracht wurde. Auch der typische zweifarbige Schuh kam in immer neuen Varianten heraus, zuletzt sogar als »Fetischschuh« mit extrem hohem Absatz und Plateausohle, als Pantolette, Slingpumps und ausgeschnittene Stiefellette mit drei Ristriemchen.

Rote Ledersandaletten mit plissiertem Ristteil und passender Tasche. 1977 von Rayne entworfen, ist der Absatz mit einer Kamee in Form eines geflügelten Engels verziert.

auf der Straße zu tragen, sondern auch unhygienisch und schlecht für die Füße. Im Juli 1939 schickte *Vogue* einen Kameramann auf die Fifth Avenue in Manhattan mit dem Auftrag, auf der Straße zur Schau gestellte Füße zu fotografieren. Dann veröffentlichte das Magazin die Bilder, um zu zeigen, »wie Frauen durch die Straßen New Yorks gehen – in Schuhen, die keine Zehen- und keine Fersenkappe, aber hohe Absätze haben ... *Vogue* bleibt bei seiner Meinung, dass Frauen, die wirklich Geschmack und einen Sinn für das Passende haben, nicht mit solchen Schuhen durch die Stadt gehen«. Doch es war der Zweite Weltkrieg, nicht *Vogues* Pikiertheit, der den Vormarsch der Sandale aufhielt. In einer derart feindlichen Welt schien der Fuß in diesem offenen Schuhwerk zu verletzlich. Bald führten Lederknappheit und durch den Krieg diktierte Restriktionen dazu, haltbareres und festeres Schuhwerk zu tragen.

Der ideenreiche Maestro

Den Italiener Ferragamo dagegen machte die Materialknappheit erfinderisch. Als Leder für die Soldatenstiefel requiriert wurde, verwendete er Raffiabast, Paketschnur und andere Materialien, um originelle und ungewöhnliche Sandalen herzustellen. Da aber auch diese Materialien knapp waren, war er zur sparsamen Verwendung gezwungen; die Riemchen wurden folglich immer dünner – wenngleich eleganter. Die Sohlen fertigte Ferragamo oft aus Kork: Einmal verwendete er für einen Absatz vier zusammengesetzte Weinkorken, später erfand er den Keilabsatz.

Nach dem Krieg war Italien das Zentrum der Schuhmode. Viele italienische Hersteller boten elegante Sandaletten mit hohen Absätzen an und setzten der schwingenden Linie der wadenlangen Röcke des New Look viel sichtbaren Fuß entgegen.

Immer dem Trend voraus, schuf Ferragamo 1947 die »unsichtbare Sandalette«. Ihr Vorderblatt bestand aus einem einzigen langen Nylonfaden, der viele Male über den Spann geführt war. Ein ebenfalls mehrmals geschlungener Nylonfaden bildete den Fersenriemen. Der Fuß schien dadurch fast unbedeckt. Der weit nach innen geschwungene Keilabsatz des Schuhs war mit Ziegenleder überzogen.

Die Sandale mit ihrem Keilabsatz und der über die Spitze gezogenen Sohle erinnert an einen türkischen Pantoffel; entworfen von Heyrault in den 40er Jahren.

Robert Clergerie

»Was zählt, ist nicht die Mode, sondern der Stil, denn die Mode kommt aus der Mode, der Stil aber bleibt.« So lautet die Philosophie des Designers Robert Clergerie, der zu den Großen unter den zeitgenössischen französischen Schuhdesignern gehört und für seine futuristische Fußbekleidung bekannt ist.

Clergerie kam erst spät zum Schuhdesign. Nach einer Tätigkeit als Armeeoffizier hatte er sich bei der École Supérieure de Commerce in Paris eingeschrieben. Nach Abschluss seines Studiums arbeitete er als Manager beim Schuhhersteller Charles Jourdan.

1978 erwarb er eine eigene kleine Schuhfabrik und begann damit, seine Schuhe selbst zu entwerfen. 1981 brachte er eine erste Kollektion unter seinem Namen heraus. Clergeries Schuhe sind von architektonischer, klarer, eleganter Linienführung und scheinen ihrer Zeit immer ein Stück voraus zu sein. Gelegentlich gibt es auch Reinterpretationen alter Stile. Experimente mit laminierten Metallsohlen haben Clergerie zu einem Vorbild für jüngere Designer werden lassen. 1992 erhielt er in den USA den Fashion Footwear Association of New York Design Award.

Da Clergeries Entwürfe mit wenig Dekoration auskommen, entstehen fast immer Klassiker. Clergerie produziert unter drei Firmierungen: Robert Clergerie Signature sind elegante, teure Schuhe; Espace ist ein Label für einen jüngeren, legereren Stil; und Joseph Festrier ist die Marke, unter der die Herrenschuhe laufen. Clergerie entwirft nicht nur, er führt und leitet sein Unternehmen, das Ende der 90er Jahre einen Jahresumsatz von 30 Millionen Dollar erzielte, auch selbst.

Unten: Drei Entwürfe von Clergerie mit leicht nach außen geschwungenem, dünnem Absatz. Die Riemen der Pantolette sind mit Silberbeschlägen verziert. Die Sandalette in der Mitte ist aus opalfarbenem, die rechts aus goldschillerndem Schlangenleder.

Trotz der genialen Idee verkaufte sich die »unsichtbare« Sandale nicht gut. Ferragamo vermutete, die Frauen hätten sich zu bloßgestellt gefühlt. Charles Jourdans Version von 1980 hatte eine flache Korksohle und ein Blatt aus Weichplastik, das mit bunten Plastikfrüchten dekoriert war, doch auch ihr war kein Erfolg beschieden.

Der Triumph der Sandale

In den 50er Jahren war die italienische Sandalette so beliebt, dass auch der Pumps plötzlich mit Ausschnitten und Riemchen aufwartete. Valentino kreierte flache Sandalen für seine Sommerkleider, später kamen Schlupfschuhe aus Webnetz, aus geflochtenem Leder oder Bast auf. Ferragamos Version, die Kimo-Sandale, war sofort ein Riesenerfolg. Aus goldenem Ziegenleder gefertigt, bestand sie aus einem Geflecht von Riemchen, die hoch auf dem Spann zusammenliefen.

Ein Paar von Ferragamo entworfene Sandaletten mit offen strukturiertem Bronzeabsatz und einem Blatt aus schwarzem Satin zierte 1955 den Stand der Italiener bei einer Londoner Ausstellung. 1957 kreierte Ferragamo eine Sandalette, deren »Riemchen« aus gezwirbelten Ketten aus 18 Karat Gold bestanden. Der mit Blumenmustern verzierte Absatz war mit Blattgold belegt.

In Hollywood produzierte David Evins Sandaletten für die Filmstars. 1934 schuf er für Claudette Colbert, die in Cecil B. DeMilles *Cleopatra* die Hauptrolle spielte, eine Sandalette mit skulptiertem Keilabsatz, der in eine mäßig hohe Plateausohle überging. Beides war mit bunten und goldfarbenen kleinen Strasssteinchen besetzt. Als Riemchen diente ein dünner Schlauch aus goldfarbenem Ziegenleder, der beidseitig

Fortsetzung Seite 70

»Hommage an Picasso« nannte André Perugia diese 1950 aus Leder, Holz und Metall gefertigte Sandalette. Sie ist eher als ein Kunstobjekt zu verstehen denn als tragbarer Schuh.

DESIGNERPROFIL

Salvatore Ferragamo

Schon als kleiner Junge spürte Ferragamo die Berufung zum Schuhmacher. 25 Jahre nach seinem Tod wurde er mit einer Ausstellung geehrt, die seiner Arbeit in Florenz gewidmet war und die um die ganze Welt ging. Zu diesem Zeitpunkt hatten jedoch schon Millionen seine Schuhkreationen im Film gesehen, denn er hatte flache Halbschuhe für Greta Garbo und Stöckelschuhe für Marilyn Monroe geschaffen.

Der »unsichtbare Schuh« – ein Entwurf von 1947. Der Knöchelriemen ist aus goldfarbenem Ziegenleder, mit dem auch der geschwungene Keilabsatz überzogen ist. Um die Illusion eines nackten Fußes zu erzeugen, hat man das Vorderblatt aus Nylonfäden hergestellt.

Eine Plateausandalette von 1939 aus schwarzem Samt und einer Sohle aus kannelierten Korkschichten, die durch einen Steg mit dem Absatz verbunden ist.

Salvatore Ferragamo wurde 1898 in Bonito in Süditalien als elftes von 14 Kindern geboren. Da der Vater ein kleiner Pachtbauer war, musste Salvatore mit neun Jahren die Schule verlassen. Trotz der Armut der Familie empfand der Vater den Wunsch des Sohnes, Schuhmacher werden zu wollen, als verachtenswert. Doch Salvatore setzte seinen Willen durch und wurde Lehrling beim Flickschuster von Bonito. Die ersten Schuhe, die er herstellte, waren ein Paar weiße Lederschuhe für die Erstkommunion seiner Schwester, die sonst Holzschuhe hätte tragen müssen. Bereits mit 14 Jahren eröffnete Ferragamo eine eigene Werkstatt, in der er bald schon sechs Leute beschäftigte. Die Frauen von Bonito, die zuvor ihre Schuhe in Neapel gekauft hatten, kamen nun alle zu ihm, und er hätte im Dorf bleiben und bis zu seinem Lebensende ein gutes Auskommen haben können. Doch sein älterer Bruder Alfonsino war nach Amerika ausgewandert und schrieb ihm von den Schuhfabriken in Boston, die täglich Tausende von Paaren produzierten. Als Salvatore in die USA reiste, um sich selber einen Eindruck zu verschaffen, war er jedoch enttäuscht, da ihm die Maschinenware plump und unelegant erschien.

Ferragamo ging deshalb nach Kalifornien und eröffnete in Santa Barbara eine Werkstatt, wo er auf Bestellung Schuhe im italienischen Stil von Hand fertigte. Der Requisiteur einer amerikanischen Filmgesellschaft bestellte einige Stiefel für einen Western bei ihm. Von denen war Cecil B. DeMille so beeindruckt, dass er Ferragamo große Aufträge für die Kostümfilme zukommen ließ. Es ist nicht bekannt, wie viel Geld Ferragamo durch diese Aufträge verdiente, doch es schien zu

68

reichen, um sich auf dem damals mondänen Hollywood Boulevard gegenüber von Grauman's Chinese Theatre einen Laden zu kaufen. Zu den Kunden dort zählten Mary Pickford, Douglas Fairbanks, Rudolph Valentino, John Barrymore, Clara Bow, Pola Negri, Gloria Swanson und Barbara La Marr.

Dennoch war Ferragamo nicht zufrieden. Er wollte sich genauere Kenntnisse erwerben und belegte Kurse in Chemie, um mehr über die Verarbeitung und die Färbung von Leder zu lernen. Darüber hinaus besuchte er Medizinkurse, um sein Wissen über den Aufbau und die Funktionsweise des Fußes zu verbessern. Durch seine Studien entwickelte er eine neues Verfahren, um den Fuß zu vermessen. Er verstärkte die Sohlen hoher Schuhe im Bereich der Fußwölbung mit dünnen Stahlplatten, was dem Fuß eine enorme Stütze gab und das Tragen bequemer machte.

Ferragamo stellte bald fest, dass er in Amerika nicht die Handwerker fand, die seinen Ansprüchen gerecht werden konnten. Deshalb kehrte er 1927 nach Italien zurück und ließ sich in Florenz nieder. Bald belieferte seine dortige Werkstatt die besten Schuhgeschäfte der USA und Großbritanniens. Während der großen Weltwirtschaftskrise musste Ferragamo seinen Betrieb schließen. Er arbeitete aber allein weiter und ließ sich von den jüngsten archäologischen Ausgrabungen in Ägypten sowie vom Futurismus inspirieren. Anfang der 30er Jahre eröffnete er seine Werkstatt neu. Diesmal stellte er Lehrlinge ein, die er für eine langfristige Zusammenarbeit ausbildete.

Nachdem Italien 1935 Abessinien annektiert hatte, belegte der Völkerbund Italien mit wirtschaftlichen Sanktionen. Als Folge daraus konnte Ferragamo die hochwertigen Materialien, die er für seine Schuhe benötigte, nicht mehr beschaffen. So begann er mit Raffiabast, Kordel, Zellophan und anderen Materialien zu experimentieren. Da er auch den Stahl für die Verstärkung der Sohlen nicht mehr bekommen konnte, erfand er den Keilabsatz aus Kork, der Amerika im Sturm eroberte.

1947 wandte sich Ferragamo wieder vom Keilabsatz ab und entwarf dünnere Absätze, die mit Diors New Look besser harmonierten. Nun gehörten Sophia Loren, Audrey Hepburn, die Herzogin von Windsor und Prinzessin Pia von Savoyen zu seinen Kundinnen. Wiederum war die Nachfrage größer als seine Leistungsfähigkeit, und so musste auch Ferragamo letztlich auf die Maschinenfertigung zurückgreifen, die nun 40 Prozent seiner Produktion ausmachte. 1960 veröffentlichte er unter dem Titel *Schuhmacher der Träume* seine Autobiographie. Er starb im selben Jahr.

Der Mangel der Kriegsjahre machte erfinderisch. 1938 schuf Ferragamo diesen Slingpumps aus interessant geflochtenem Raffiabast, einem Material, das zuvor nur arme Leute für Taschen und Schuhe verwendet hatten.

Dekoriert mit verdrehten Kettchen aus 18 Karat Gold sind diese Sandaletten von 1956. Sie kosteten damals den stolzen Preis von 1000 Dollar pro Paar.

Beth und Herbert Levine

Wie David Evins, arbeitete auch Beth Levine in den 40er Jahren bei I. Miller. 1950 heiratete sie den Geschäftsmann Herbert Levine, mit dem sie die Firma Beth and Herbert Levine gründete. In den 60er Jahren gelang dem Unternehmen mit seinen transparenten Plastikschuhen und Goldsandaletten mit markanten verdrehten Spitzen der Durchbruch.

Das allen Einflüssen gegenüber aufgeschlossene Paar kreierte Schuhe, die wie Sportwagen oder wie Aladins Wunderlampe aussahen. Für ihre Stretchstiefel gewannen sie 1967 den Coty Award. Später verbanden sie durchsichtige Absätze aus Acryl direkt mit einer Strumpfhose, woraus Hose und Stiefel in einem Stück entstanden. Der originellste Entwurf ist der »Oben-ohne-Schuh« von 1959, der nur aus Sohle und Stöckelabsatz besteht. Haftpunkte auf der Decksohle lassen den Schuh am Fuß kleben. Obwohl die Firma nicht mehr existiert, beeinflussen die Schuhe der Levines noch immer das Schuhdesign.

Ende der 70er Jahre waren Schuhe mit Fersenkappe, Knöchelriemen und schmalem Riemen über dem unteren Spann beliebt.

an der Sohle befestigt war und unter dem weit nach hinten ausgezogenen oberen Ende des Keilabsatzes durchlief. Über dem Spann hielt eine kleine Manschette den Schlauch zusammen. Zehn Jahre später modifizierte Evins diesen Entwurf für eine Straßensandalette. 1963 erhielt er den Auftrag, wiederum Kleopatra-Sandaletten zu gestalten, diesmal für Elzabeth Taylor. Wenn er nicht gerade als Filmausstatter arbeitete, fertigte er Sandaletten für Stars wie Ava Gardner und Lena Horne.

In den 50er Jahren stellte Roger Vivier seine Pariser Varianten der Sandalette vor, die reicher dekoriert waren als die Entwürfe anderer Designer. Um die Dekorationen anbringen zu können, hielt er das Blatt und die Riemchen möglichst breit. Im Gegensatz dazu schuf die amerikanische Designerin Beth Levine flache Sandalen mit durchsichtigem Plastikblatt. Sie hatte damit einen Trend der 60er Jahre vorweggenommen. Die Sandalen wurden nun flach und leicht und zeigten sich reich dekoriert: Bunte Steine, Schmetterlinge, Blumen, Schleifen und Früchte zierten die Riemchen; die Hippiewelle brachte so genannte Jesuslatschen hervor. Mario Valentino griff den Trend auf und entwarf Sandalen, deren Riemen bis zur Wade hinauf geschnürt wurden; sie erinnerten an die römischen Caliga. Große Ladenketten ahmten sie nach und boten Varianten, die bis zum Schenkel geschnürt wurden.

Auch die elegante Abendsandalette suchte sich zu behaupten. Perugia stellte sie noch in den 60er Jahren her. Bei seiner Bugkappen-Sandalette von 1960 war die Sohle so skulptiert, dass der Ballen einsank und sich Zehen und Ferse über ihn erhoben. Auch Beth Levine schuf eine Sandale mit skulptierter Sohle und schlichtem Knöchel- und Zehenriemen.

Ulk und Farbe

In den 70er Jahren wurden die Abendsandaletten auf hohe Plateausohlen gehoben. In den 80er Jahren kamen sie als flache Sandalen auf den Boden zurück; zudem gab es neue, sehr farbenfrohe Sandaletten mit hohem Absatz und dünnen Riemchen. 1979 stellte der Schweizer Designer Andrea Pfister seine flache Sandale »Deauville« vor. Von der Spitze bis fast zur Ferse reichende dünne vertikale Riemchen, die wie die Gitterstäbe eines Vogelkäfigs wirken, enden an zwei verflochtenen Riemchen, die über den Spann an den Seiten entlang und um die Ferse herum laufen. Keine andere San-

Diese Sandale mit Zehensteg schuf Andrea Pfister 1989. Er nannte die mit Strasssteinen besetzte Kreation »Mille et une nuits« – 1001 Nacht.

Beth Levines »Blattsandalen« von 1965 hatten Haftstreifen auf der Sohle, die jegliche Oberkonstruktion unnötig machten. Kommerziell waren sie kein Erfolg.

dale wurde so oft kopiert wie diese. Pfister schuf auch eine Sandalette mit rotem Absatz und schwarzer Innensohle, die seitlich grün abgesetzt ist und über die zwei mittelbreite, weiß, schwarz, gelb und rot gemusterte Stoffriemen laufen. Er nannte sie »Hommage an Mondrian«. Populär wurde auch seine Sandale mit einem auf die Innensohle aufgemalten goldfarbenen Fuß mit roten Zehennägeln. Sie war am Riemchen mit einem bunten Sonnenschirm und einem Wasserball geschmückt.

Sandalen für die 90er Jahre

Salvatore Ferragamos Tochter Fiamma war inzwischen in die Fußstapfen ihres Vaters getreten und präsentierte in den 90er Jahren elegante Sandaletten, die den Entwürfen des Vaters in nichts nachstanden. In England kreierte Patrick Cox Abendsandaletten in Gold mit großen geknoteten Fersenriemen. Er versuchte, Männer zu überreden, Sandalen mit T-Riemchen und Schnalle zu tragen, fand aber keine Akzeptanz.

Cox liebt das Experiment, und so fing er an, mit modelliertem Weichplastik zu arbeiten. 1993 stellte er in mehreren britischen Ladenketten Sandalen mit Knöchelriemen und breitem Ristblatt aus durchsichtigem Plastik vor.

Mitte der 90er Jahre kam eine Sandale in Mode, die als Mittelding zwischen Pumps und Sandale gelten könnte, da das über den Zehen offene Vorderblatt und auch der Fersenriemen für eine Sandale zu breit war. Als Straßenschuh erfreute sich dieser bequeme Schuh großer Beliebtheit, zumal er Ende der 90er Jahre auch mit dicken Plateausohlen zu haben war, die bei jungen Frauen wieder als modisch chic galten.

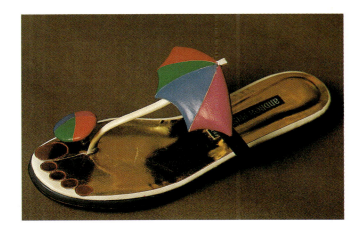

»Capri« nannte Andrea Pfister diese 1984 entworfene Sandale, die mit ihrem Sonnenschirm und Wasserball an den Strand der italienischen Mittelmeerinsel denken lässt.

Die Riemen dieser Sandale von Herbert Levine von 1972 sind mit Lederkreisen besetzt, die mit Nieten gehalten werden.

Leichte Sandalen aus wasserfestem Kunststoff und einem Blatt mit Klettverschluss; hergestellt von Red or Dead.

Sportsandale mit Riemen aus bunt bedrucktem Plastik.

Birkenstock-Sandale mit zwei Schnallen.

6

Clogs, Plateausohlen und Keilabsätze

Holzschuhe wurden lange Zeit als reine Arbeitsschuhe angesehen und galten als Schuhwerk der armen Leute. Doch im 20. Jahrhundert haben sich Clogs, Plateausohlen und Keilabsätze von diesem Image befreien und die höchsten Stufen der Modeleiter erklimmen können. Der niederländische Klompen, in Holland *Klumpje* genannt, wird mitsamt Fußbett und Vorderkappe aus einem einzigen Klotz geschnitzt. Holzschuhe dieser Art trug man in Friesland schon in der späten Bronzezeit. Der englische Holzschuh dagegen besteht lediglich aus einer hölzernen Sohle, an der ein Blatt befestigt wird. Diese Vorderkappe ist zumeist aus Leder, kann aber auch aus Raffiabast, Segeltuch oder anderen Stoffen gefertigt sein. Aus diesen hölzernen Grundtypen haben sich die »klobigen« Schuhe entwickelt, die wir heute kennen.

Ein Vorläufer der modernen Plateausohle ist dieser mit rotem Samt bezogene Zoccolo, den eine adelige Dame in Venedig um 1590 trug. Die hohen Stelzen dienten ursprünglich dazu, die empfindlichen Seidenschuhe, die man dazu trug, vor dem Straßenschmutz zu schützen, doch bald wurden sie selbst zu einem modischen Objekt, dem man viel Aufmerksamkeit widmete; vor allem wurden sie immer höher. Da es oft zu Stürzen und bei schwangeren Frauen sogar zu Fehlgeburten kam, wurden die Stelzpantoffeln schließlich per Gesetz verboten. Der moderne Clog (*rechts*) hat sein Vorbild im holländischen Holzschuh.

AUF HOHEN SOHLEN

Die Sohlen von modernen Stelzschuhen werden meist aus Kork oder Kunststoffen hergestellt. Sie sind im Allgemeinen 1,5 cm dick, können aber im Extremfall bis zu 20 cm Höhe erreichen. Es gibt die Möglichkeit, nur unter dem Vorderfuß eine hohe Sohle anzubringen und unter der Ferse einen entsprechenden, meist noch höheren, aber von der Sohle getrennten Absatz. Alternativ kann man dem Schuh eine durchgehende Plateausohle geben, die Ballen und Ferse gleichermaßen anhebt; unter der Ferse wird oft noch zusätzlich ein Keil angebracht, der die Ferse abermals hebt.

Weltweite Vorläufer

Die Plateausohle hat weltweit verschiedene Vorläufer. Einer ist die spanische Chopine, die im 13. Jahrhundert aufkam und ihrerseits vom älteren orientalischen Kapkap – einem Holzschuh mit zwei quer unter der Sohle angebrachten Stegen – beeinflusst war. Eine andere Inspiration für den modernen Plateauschuh lieferten die japanischen Getas. Auf ihnen zu laufen ist schwierig, denn sie sind unter dem Vorderfuß ähnlich wie ein Schiffsbug geformt, sodass man leicht nach vorne überkippt.

Auch die Chinesinnen der Mandschuzeit trugen flache, wie Ballerinaslipper aussehende Seidenschuhe mit einem unter der Fußmitte angebrachten Sockel; dieser war im Extremfall nicht größer als ein moderner Blockabsatz und ließ nur kleine Trippelschritte zu.

Eine Trippe, ein aus Holz geschnitzter Unterschuh, den man im Mittelalter im Freien unter den damals gängigen flachen Schnabelschuhen mit ihrer extrem langen, dünnen Spitze trug. Die abgebildete Trippe stammt aus Amsterdam aus der Zeit um 1375.

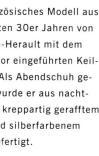

Ein französisches Modell aus den späten 30er Jahren von Preciosa-Herault mit dem kurz zuvor eingeführten Keilabsatz. Als Abendschuh gedacht, wurde er aus nachtblauem, kreppartig gerafftem Satin und silberfarbenem Leder gefertigt.

AUF HOHEN SOHLEN

Abendsandaletten aus goldfarbenem Glaceeleder. Die 1945 in New Jersey in den USA hergestellten Schuhe würden mit ihrer Plateausohle und ihrem hohen Absatz bruchlos in die Modeszene der späten 90er Jahre passen.

Nachdem um 1600 in Europa auch Damenschuhe einen separaten hohen Absatz erhielten, hatten die alten Chopinen und die venezianischen Zoccoli als Stelzschuhe ausgedient. Ein Problem freilich war geblieben – wie man den empfindlichen Schuh vor dem Straßenschmutz schützen sollte. Bereits im Mittelalter hatte man unter den flachen Schnabelschuhen hölzerne Trippen getragen. Die Chopine war nur eine extreme Erhöhung der meist recht flachen Trippe. Aber mit einem Schuh, der einen Absatz besaß, konnte man weder auf eine Trippe noch auf eine Chopine steigen. Ein findiger Schuhmacher kam darauf, eine Trippe zu gestalten, die sich der Schuh- und Absatzform genau anglich. Insgesamt entstand dadurch der Eindruck eines Schuhs mit Keilabsatz. Da die geformte Trippe lediglich über dem Vorderblatt des Schuhs mit Bindeflügeln befestigt wurde, über dem Absatz aber keine Befestigung hatte, war das Laufen mit diesen »Unterschuhen« jedoch sehr mühsam.

Der Engländer Samuel Pepys, der sich als Tagebuchschreiber einen Namen machte, notierte am 24. Januar 1660: »Forderte meine Frau auf, mit zu Mrs.

Herman B. Delman

Der amerikanische Schuhhersteller Herman B. Delman wurde 1895 in Portersville, Kalifornien, geboren. In Portland, Oregon, wo seine Eltern ein kleines Schuhgeschäft besaßen, ging er zur Schule. Nach dem Ersten Weltkrieg eröffnete er in Hollywood ein Schuhgeschäft, später ein weiteres in der New Yorker Madison Avenue; außerdem verkaufte er bei Saks und arbeitete mit dem Kaufhaus Bergdorf Goodman zusammen.

Delman ermunterte junge Designer, Schuhe zu kreieren, die er in seinen Läden ausstellte. 1938, als Vivier noch in Paris war, setzte er dessen Entwürfe um. Als Vivier dann nach New York emigrierte, stellte Delman ihn an und machte ihn populär.

In den 50er Jahren verkaufte Delman an den Einzelhandelsgiganten Genesco. Edward Rayne, der seit den 30er Jahren sein englischer Partner war, übernahm das Geschäft. 1961 verkaufte Genesco die Hälfte seines Anteils an Rayne – unter der Bedingung, dass er es zehn weitere Jahre führe. Rayne steigerte die jährliche Verkaufsrate auf über anderthalb Millionen Paar. 1973 kaufte die englische Einzelhandelskette Debenhams Rayne-Delman.

Diese in England während des Zweiten Weltkriegs hergestellten Wildlederschuhe haben geschichtete Keilabsätze. Die Zunge wurde aus Schlangenleder gefertigt.

DESIGNERPROFIL

Vivienne Westwood

John Fairchild von *Women's Wear Daily* hält Vivienne Westwood für ein Modegenie. Sie war die erste britische Designerin nach Mary Quant, die eingeladen wurde, um ihre Kollektion in Paris zu zeigen; gleichwohl lehnen viele sie als überspannt, exzentrisch und obszön ab.

Für manche ist Westwood die Königin der britischen Mode. Für andere ist sie eine Designerin, die sich berufen fühlt zu schockieren; eine, die Kleider entwirft, die niemand tragen möchte, und Schuhe, mit denen selbst ein Profi wie Naomi Campbell nicht laufen kann. 1941 geboren, war Vivienne Westwood als Lehrerin tätig, als sie 1971 den Unternehmer Malcolm McLaren traf.

Beide eröffneten die Boutique *Let It Rock* in Londons World's End, in der sie 50er-Jahre-Mode verkauften.

Ein Jahr später benannten sie die Boutique nach dem Motto der Motorradrocker in *Too Fast to Live, Too Young to Die* – zu schnell um zu leben, zu jung um zu sterben – um und verkauften lederne Motorradkluft, aber auch Lederkleidung, die in Richtung Sadomaso ging. 1974 änderten sie den Namen ihres Geschäf-

tes erneut – es hieß jetzt *Sex* – und verkauften eine »Bondage«-Kollektion: Kleidung für Leute, die die Fesselungen lieben. Westwoods Lieblingsmaterialien waren schwarzes Leder und Gummi; ihre Entwürfe bedeckte sie mit Reißverschlüssen, Nieten, Ketten, Schnallen und Strapsen – Requisiten, die sie auch für ihre Schuhe verwendete. Sie produzierte quälend hohe Stilettos und Pumps mit Leopardenfelldruck und reizte das erotische Potential der Mode bis an die Grenze aus.

Westwoods Hosen aus der Bondage-Kollektion und ihre zerrissenen T-Shirts wurden zur Zeit der Punks, deren Initiatoren McLaren und die Sex Pistols waren zur Straßenmode.

Während McLaren später in die amerikanische Musikindustrie einstieg, blieb Westwood mit ihrem Laden in London. Wiederum änderte sie den Namen, diesmal in *Seditionaires*. Ihr Ziel, so sagte sie, sei politisch; sie wolle die Menschen »zur Revolte verführen«.

1981 ließ Westwood den Punklook hinter sich und initiierte die neue Romantik als Look. Sie produzierte ihre Piratenkollektion, mit der sie sich als ernsthafte Designerin etablierte. Historische Wiederbelebung blieb ein wichtiger Zug ihrer Arbeit. 1985 ließ sie die Krinoline als »Minicrin« wieder aufleben. Sex ist die zweite Konstante ihrer Entwürfe. 1994 beschränkte sie das Outfit ihrer Models auf einen Mini-Lendenschurz und einen Blumenstrauß. Westwood verfügt über die Fähigkeit, die Ideen historischer Zeitalter zu erfassen und sie zu einer postmodernen Collage zu montieren. In Westwoods Welt kann ein Kilt von schrillem Pink sein, Strümpfe können aus Gummi bestehen und ein BH kann über der Kleidung getragen werden.

Was Westwoods Schuhe anbelangt, so ist sie für ihre hohen Plateaupumps berühmt, die Naomi Campbell in Paris zu Fall brachten. Ihnen folgte der »Prostituierten-Schuh« – ein Goldpumps mit zierlichem Riemchen, herzförmiger Schnalle und 18 cm hohem Bleistiftabsatz.

Ein Stelzschuh dieser Art ließ sogar das Supermodel Naomi Campbell auf dem Laufsteg stürzen. Ein Paar dieser von Vivienne Westwood untertreibend *Elevated court* – erhöhter Pumps – genannten, bis zu 20 cm hohen Stelzschuhe steht im Victoria and Albert Museum in London. Dieses giftgrüne Paar wurde passend zum hemdkurzen Kleid entworfen.

Pierce zu kommen. Auf dem Weg bereiteten ihr ein Paar neuer Trippen unendliche Mühen, und ich fluchte innerlich, dass wir so langsam vorwärts kamen, denn wir waren schon spät dran.«

Durch die Französische Revolution wurden die Frauen von dieser Mühsal befreit. Absätze und Schnallen wurden abgeschafft, dafür kam ein der Klompe ähnlicher, Sabot genannter Holzschuh auf, der sich aber letztlich nicht durchsetzen konnte.

Tanzschuhe

Überall, wo man Holzschuhe trug, vor allem in Holland, waren Clogs als Tanzschuhe für spezielle Holzschuhtänze schon seit Jahrhunderten beliebt, konnte man durch ihr Geklapper doch wunderbar rhythmische Akzente setzen. Als diverse Volkstanzgruppen in Amerika auftraten, entwickelte sich der Stepptanz. Die ersten Stepptanzschuhe waren eine Art Clogs mit Metallplättchen unter der Sohle. Die in den Revuen auftretenden Tänzerinnen trugen Mary-Jane genannte Spangenschuhe mit T-Riemchen, die sich wenig später auch in der Alltagsmode durchsetzten.

Verrückt nach Keil und Plattform

Roger Vivier soll die Plateausohle in den 30er Jahren wieder entdeckt haben; orthopädische Schuhe, ursprünglich für medizinische Zwecke entworfen, sollen ihn dazu inspiriert haben. Als er dem amerikanischen Hersteller Herman B. Delman seine

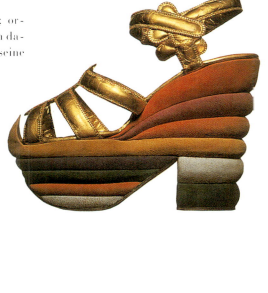

Plateausandale von Ferragamo, entworfen 1938. Die einzelnen Schichten der Vordersohle, des Absatzes und des Keils bestehen aus Kork. Sie sind mit Stoff bezogen und farblich abgesetzt wie ein Regenbogen.

Plateausandalette aus silberfarbenem Ziegenleder, 1942 entworfen von Luigi Bufarini. Die Plissierung rund um Sohle und Absatz dieses Schuhs verstärkt den Eindruck der Höhe.

Der 1960 von Bally hergestellte Schuh erweckt durch seine extrem hoch gezogene Zunge den Eindruck eines Stiefels.

CLOGS, PLATEAUSOHLEN UND KEILABSÄTZE

Der 1960 von Bally hergestellte Schuh erweckt durch seine extrem hoch gezogene Zunge den Eindruck eines Stiefels.

Kreation zur Begutachtung schickte, soll der nach Frankreich telegrafiert haben: »Spinnst du?« Delman mochte ablehnen, was Vivier da entworfen hatte, aber die italienische Modeschöpferin Elsa Schiaparelli war begeistert. Sie trug wesentlich dazu bei, die Plateausohle in die Modewelt einzuführen.

Der Keilabsatz kam aus Italien. Im Juli 1938 hieß es in der Zeitschrift *Harper's Bazaar*: »Während die Französinnen ihre orthopädischen Sandalen nur im Haus oder am Strand tragen, sind die Italienerinnen völlig verrückt nach dem Keilabsatz.« Verantwortlich dafür war der Designer Salvatore Ferragamo, der sich 1936 seinen ersten Keilabsatz hatte patentieren lassen. Er war Teil einer Abendsandale, deren Vorderblatt aus zwei Riemchen aus schwarzem Satin und goldfarbenem Ziegenleder bestand. Aus dieser Kombination bestand auch der mit einer Schnalle schließende Knöchelriemen. Der Keilabsatz, der eine Ledersohle hatte, war mit einem Mosaik aus goldfarbenen Glasplättchen besetzt.

Zehn Jahre lang hatte Ferragamo zierliche, elegante Schuhe mit einer Stahlverstärkung in der Sohle hergestellt. Doch als Italien 1935 in das damalige Abessinien (heute Äthiopien) einfiel, wandte sich Kaiser Haile Selassie an den Völkerbund und gegen Italien wurden wirtschaftliche Sanktionen verhängt. Da in Italien bald schon Stahl knapp wurde, musste Ferragamo Kork verwenden. Um die benötigte Festigkeit zu erzielen, leimte er Korklagen unter Druck zusammen und kreierte so den Keilabsatz. Zunächst geschmäht, dann kopiert, wurde der Schuh zu einem von Ferragamos beliebtesten Modellen, da er großen Tragekomfort bot. In den Folgejahren entwarf Ferragamo auch Sandalen mit Plateausohlen für den Tag. Hierfür verwendete er Holz, das er bunt bemalen ließ. Um das Gehen zu erleichtern, ließ er zwischen Verse und Sohle einen kleinen V-förmigen Einschnitt frei.

Bequemlichkeit vor Stil
1938 begann Ferragamo, Plateauschuhe mit Korksohlen als Abendschuhe nach Amerika zu exportieren. Die Seiten der Sohlen gaben ihm Raum für Dekorationen; er verwendete chinesische Motive, aber auch handgeprägte Verzierungen aus Messing sowie Edelsteine.

Ein Lacklederpantoffel im Stil des »Kabuki«-Pumps von Beth Levine aus den frühen 60er Jahren. Die aerodynamische Form der Sohle ließ Levine später sagen: »Ich hätte sie ›Flugzeugpumps‹ nennen sollen.«

78

Eine Plateausandalette von Terry de Havilland aus der Kollektion von 1997/98: In den aufgespaltenen Keil wurde ein Herz gesetzt.

Eine an Trachtenmode und venezianischen Zoccolo erinnernde Plateausandalette aus dunkelgrünem Wildleder von Terry de Havilland.

Terry de Havilland

In den 70er Jahren galt Terry de Havilland als der unbestrittene britische König der Plateausohle. Nach seiner Schulzeit begann er in der Schuhfabrik seines Vaters im Londoner East End zu arbeiten. Sein Vater war ein Handwerker, der aus Passion Schuhwerk von hoher Qualität herstellte; doch in den 50er Jahre erfasste auch ihn die »Welle des Plastikmülls«, wie de Havilland einmal sagte, und er musste sich anpassen.

In den 60er Jahren übernahm Terry das väterliche Unternehmen und stellte Schuhe von außergewöhnlichem Design her – mehr als einmal im Drogenrausch, wie er selbst zugab. All seine Schuhe haben hohe Absätze und oft auch Plateausohlen. Er kreierte hochhackige Turnschuhe in schrillem Gelb und Lila, Satinschuhe, die wie Bikinioberteile aussahen, Sandalen aus Zebraimitat und schenkelhohe Stiefel. Durchschlagenden Erfolg hatte ein etwas obszön aussehender bunter Schlangenlederschuh mit Plateausohle und 12 cm hohem Absatz.

Ferragamos berühmtester Schuh ist wahrscheinlich eine Plateausandalette, die er für Judy Garland kreiert haben soll. Absatz und Sohle bestehen aus Lagen von Kork, die mit Wildleder in den Regenbogenfarben überzogen sind. Die durchgehende Mittelsohle läuft über den Zehen in eine spitz hoch gezogene Kappe aus. Die Riemchen des Vorderblatts und der Knöchelriemen sind aus leicht wattiertem goldfarbenem Ziegenleder.

Obwohl die Absätze bereits eine Höhe von 13 cm erreicht hatten, wollte Ferragamo noch höher hinaus. Hohe Stelzschuhe mit Plateausohle und unabhängigem Absatz konnten in der Mitte brechen; der Keil war fester, und manchmal wurde er wie eine moderne Skulptur in allerlei Formen gebracht. Knöchel- und Fersenriemen der verschiedensten Art kamen in Mode, eine Zeit lang waren dicke Absätze und T-Riemchen der Renner.

Obwohl die Modemagazine herbe Kritik an den »klobigen« Schuhe äußerten, waren die Damenschuhe doch selten so bequem gewesen wie zur Zeit der mäßig dicken Sohlen und der Keilabsätze. In der Geschichte des Damenschuhs hat es selten Momente gegeben, in denen Bequemlichkeit vor Stil ging.

Buntes Schlangenleder ist das Material für diese Plateausandalette von Terry de Havilland.

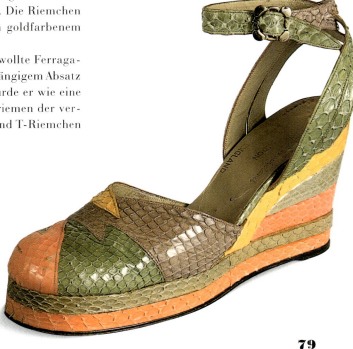

Lawler Duffy

Nicola Lawler und Laurie Duffy gehören zu den britischen Schuhdesignern, die in den späten 80er Jahren das Cordwainers College in London besuchten. Sie produzierten Schuhe für den Couturier John Galliano und für den Designer Joe Casely-Hayford. 1994 kombinierte das Team Lawler/Duffy zwei Nachkriegsikonen – die Plateausohle und den Jeansstoff – und schufen daraus eine große Bandbreite von Plateausandalen. Ihre Schuhe aus Stechrochenhaut und laminierter Lachshaut waren in Japan beliebt. In den frühen 90er Jahren trennte sich das Duo. Nicola Lawler produziert seitdem unter dem Markennamen Lawless.

Diese 1974 in Kanada hergestellten Schuhe waren ursprünglich für Männer gedacht, doch kauften sie vor allem Frauen. Rockstars beiderlei Geschlechts liebten in den 70er Jahren solche glitzernden Exemplare.

Über die Schlachtlinien

Da es mit Ausbruch des Zweiten Weltkriegs den Frauen in England und Amerika nicht mehr möglich war, italienische Schuhe zu kaufen, reagierte die Industrie auf ihre Weise. David Evins, der Liebling des amerikanischen Schuhdesigns, kreierte »Clogs« für den brasilianischen Filmstar Carmen Miranda. Für den kleinen südamerikanischen Temperamentsbolzen entdeckte Evins die spanische Chopine wieder, um ein sichtbares Gegengewicht zu den ausgefallenen Kopfbedeckungen der Miranda zu schaffen. Ihre mit Strass besetzten Keilabsätze waren manchmal 15 cm hoch. Bilder von Rita Hayworth in einem schwarzen, mit Strass verzierten Plateau-Slingpumps von Evins zierten die Spinde zahlloser US-Soldaten. Die Durchschnittsfrau musste sich indessen mit schlichten Korksohlen begnügen.

Nach dem Ende des Krieges kamen die als plump empfundenen Schuhe jedoch aus der Mode. Der Gondelschuh mit flachem Keil und einer aufgebogenen Spitze gab ein Intermezzo, doch zunehmend kam ein feinerer Stil auf, auch wenn sich die Korksohle bei den Sandalen noch länger hielt.

Die Neubelebung der Plateausohle

Als in den 50er Jahren die Plateausohle ausgedient hatte, war die Zeit der flachsohligen, hochhackigen Stöckelschuhe angebrochen. Sie dauerte mehr als 20 Jahre lang an, ehe dicke Sohlen und Keilabsätze ein Revival erfuhren. Die Modedesignerin Paloma Picasso behauptet, die neue Plateausohlenwelle mit einem Entwurf von 1968 eingeläutet zu haben, doch Vivier hatte bereits Anfang 1967 eine Plateausandalette aus schwarzweißem Synthetikmaterial vorgestellt.

1968 hatte die Plateausohle England erreicht. Boutiquebesitzerin Barbara Hulanicki entwarf einen hautengen Schaftstiefel aus Wildleder mit Plateausohle und 13 cm hohem Absatz, und die Frauen standen vor ihen Biba-Boutiquen Schlange, um diesen Stiefel zu erwerben. Innerhalb weniger Monate wurden von ihm 75 000 Paar verkauft.

Der Popsänger Elton John ist für seinen extremen Geschmack in Sachen Schuhe bekannt. Da er nicht sehr groß ist, begeisterten ihn in den 70er Jahren Plateauschuhe aller Art. Diese Stiefel aus silberfarbenem Ziegenleder mit dem Monogramm »E« – auf dem anderen steht ein »J« – trug er 1973.

Von Cherokee in Kanada hergestellt, liegen diese mit Blumenstoff überzogenen Plateausandaletten mit Keilabsatz im Trend der frühen 70er Jahre.

Jan Jansen kreierte diese Sandalette mit einem Keilabsatz aus Bambus.

Dieser klassische Schnürschuh wurde in den 70er Jahren hergestellt. Die Kombination aus Leder und hölzerner Sohle wirkt klobig und wenig passend; damals war der Schuh ein großer Verkaufserfolg.

1969 versah die Londoner Firma The Chelsea Cobbler eine Sandale mit roten Kreuzriemen mit einer 1,5 cm dicken Sohle, und im Januar 1971 schrieb die *Sunday Times*, dass auf den Straßen »Monsterstiefel« unterwegs seien. Doch die Mode hatte ihren Höhepunkt noch nicht erreicht: Stiefel mit mächtigen Sohlen und Absätzen in schrillem Pink sollten erst noch kommen. Im Juli 1973 hieß es im *Observer*: »Auf der Kensington High Street sah ich ein Mädchen, das schwankend auf Plateausohlen und Bleistiftabsätzen vorbeistakste. Verrückt!«

Clogs und Plateausohlen waren 1975 weltweit »in« bei Jugendlichen beiderlei Geschlechts. Die Sohlen der Stelzschuhe waren im Durchschnitt 5 cm dick, der Absatz 13 cm hoch; Stiefel hatten oftmals innen noch eine zusätzliche Einlage. Ronaldo Segalin fertigte sogar ein Paar Satinstiefel mit 20 cm hohem Absatz an.

Der Stelzschuh mit Plateausohle und hohem Absatz wich wenig später dem durchgehenden Keilabsatz, der den Designern mehr Dekorationsfläche bot. Mitte der 70er Jahre verwendeten sie fluoreszierende

Unten: Popstar Madonna trug diese reich mit Pailletten besetzten Schuhe aus weinrotem Wildleder in den frühen 90er Jahren. Sie stammen von Dolce & Gabbana.

Oben: Der kanadische Designer John Fluevog kreierte in den frühen 90er Jahren diese schrillen lilafarbenen Plateauschuhe. Auffällig ist der pyramidenförmige Absatz.

DESIGNERPROFIL

Jan Jansen gab dem traditionellen holländischen *Klumpje* ein neues Aussehen, das oft kopiert wurde.

Jan Jansen

Auch wenn der niederländische Designer Jan Jansen relativ unbekannt ist, gilt er doch als außerordentlich produktiv. Er hat bereits mehr als 2000 Schuhe entworfen, die zu Zehntausenden überall auf der Welt verkauft sowie gern und viel kopiert werden.

Der 1941 geborene Jan Jansen nahm seine Arbeit 1962 in Rom auf. 1964 begann er für das Firmenzeichen Jeannot zu arbeiten. Seine Fähigkeit, Prototypen in tragbare, vom Publikum akzeptierte Schuhe umzusetzen, ist legendär.

1969 gab er dem holländischen Holzschuh, dem »Klompen«, ein neues Aussehen, indem er den »Woody« kreierte, von dem 100 000 Paar verkauft wurden. Doch bald überschwemmten billige Kopien aus Italien den niederländischen Markt.

Bei der 1973 in Versailles abgehaltenen *Semaine International de Cuir* hatte er großen Erfolg mit einer offenen Plateausohle aus Peddigrohr. Die an ein Rattanmöbel erinnernde Sohle erweckte den Eindruck, als schwebe die Trägerin des Schuhs in der Luft. Als Jansen den Schuh in Hongkong fabrikmäßig herstellen ließ, musste er wenig später erneut feststellen, dass er kopiert wurde.

Jährlich schuf Jansen zwei Kollektionen, die in Italien ausgeführt und weltweit im Einzelhandel verkauft wurden. Darüber hinaus kreierte er vier Kollektionen unbetitelter Entwürfe für Schuhhersteller in den USA, in Brasilien und in Taiwan. In den frühen 80er Jahren produzierte er die Serie »Bruno« – Schuhe mit einem innen verborgenen Keil, die aus Kombinationen von Leder, Imitaten und Lack zusammengesetzt waren. Zu seinen besten, ebenfalls viel kopierten Entwürfen gehört ein Schuh mit auffälligem diagonal verlaufendem Reißverschluss. Ein niederländischer Importeur verkaufte 400 000 Paar auf dem heimschen Markt. Diesmal war die Fälschung so plump, dass Jensen gerichtlich dagegen vorgehen und sich das Recht auf alleinigen Verkauf in seinen eigenen Geschäften sichern konnte.

Seit den 90er Jahren produziert Jansen unter eigenem Namen. Er experimentiert seitdem nun auch mit unkonventionellen Materialien wie Plexiglas, Bambus und Kork. Auch setzt er lebhafte Farben ein – von leuchtendem Rot über Pfauenblau bis Safrangelb. Die Form seiner Schuhe ist manchmal extrem unkonventionell, aber immer tragbar.

Skulptierte, asymmetrische Entwürfe (*oben*) sind typisch für Jansens Stil.

»Eine kipplige Sache« nannte Jansen seine Entwürfe mit extrem schmal gehaltenen Keilabsätzen, wie diese Kreation in Lila.

82

AUF HOHEN SOHLEN

Lackleder im Wetlook oder Plastik (*links*) waren in den frühen 70er Jahren ein großer Erfolg. Diese hohen Plateaupantoffeln haben bernsteinfarbene Plastikschnallen als Zierde.

Farben und bunten Glitter. Delman hingegen produzierte einen moderaten Keilabsatz in schlichtem Kork. Bis 1978 kamen alle Firmen und Designer ernüchtert auf den Boden zurück. Plateausohlen und Keilabsätze verschwanden wieder, ließen aber eine Vorliebe für eine leicht skulptierte Sohlenform, ähnlich der eines Clogs, zurück.

Retro kommt

In den 80er Jahren experimentierte Ralph Lauren mit der Plateausohle aus Massivholz für eine schwarze Velourssandale. Der japanische Designer Rei Kawakubo entwarf für Comme des Garçons einen schwarzen Schnürschuh aus Leder mit schwarzer Plateausohle aus Holz. Doch erst gegen Mitte und Ende der 90er Jahre erfuhr die Plateausohle ihre echte Neubelebung, nicht nur als strassverzierter Discoschuh, sondern auch als hochsohliger Turnschuh, als Plateausandale mit durchgehender Sohle und als Stelzschuh mit Plateausohle und hohem, dickem Absatz.

Die viel geschmähte »Jesuslatsche« wurde zum modischen Schuh, indem man sie auf eine Plateausohle setzte und statt des schlichten Glattleders Wildleder für die Riemen verwendete.

Zwei relativ flache, hochgeschlossene Clogvarianten. Das Oberleder scheint mit Nieten an die Holzsohlen geheftet zu sein. Um das Gehen zu erleichtern, sind sie etwas gerundet.

Unten: Sandalen mit Plateausohle von Prada, Mailand.

Schnürhalbschuhe

Die Wurzeln des Schnürhalbschuhs liegen im Brogue, einem Schuh im Stil eines Oxford, der im Ruf steht, etwas derb zu sein. Doch man braucht ihn sich nur an den Füßen von Fred Astaire oder Gene Kelly anzuschauen, um zu sehen, dass er diesen Leumund heute nicht mehr verdient. Der ursprünglich in den raueren Gebieten Irlands und Schottlands getragene absatzlose Schuh war aus dickem, ungegerbtem Rindsleder und wurde mit Lederriemen geschnürt. Damit man sich die Füße nicht darin wund rieb, stopfte man die Brogues mit Heu oder Stroh aus. Um die Jahrhundertwende entdeckte die Mode den robusten Schuh und machte einen bequemen Schnürhalbschuh daraus, dessen typisches Kennzeichen das Lochmuster ist. Diese Löcher, die heute nur noch Dekoration sind, hatten einst die Funktion, das Wasser herauszulassen, das beim Durchqueren von Sümpfen und Flussfurten in die Schuhe gedrungen war.

Ein zweifarbiger Brogue aus braunem und cremefarbenem Leder von Nicklish French aus der Zeit um 1914, als man etwas verspieltere Formen und leicht erhöhte Absätze trug. *Rechts:* Ein klassischer Schnürhalbschuh vom renommierten Hersteller Lobb of St. James's, London.

SCHNÜRHALBSCHUHE

BROGUES, OXFORD- UND DERBYSCHUHE

Im Laufe der Jahre entwickelte sich aus dem schottisch-irischen Brogue ein fester Halbschuh, der aus gegerbtem Leder statt aus roher Schlachthaut hergestellt und mit dünnen Riemen aus Pferdeleder genäht wurde. Als später dann auch Absätze dazukamen, wurden sie aus Abfällen von Gerbleder zusammengeklebt und neben dem Feuer getrocknet. Mit einem in flüssiges Kerzenwachs getauchten Lumpen wurde der fertige Schuh poliert, um ihn wasserfest zu machen. Später fügte man über der Schnürung auf dem Rist eine außen aufgesetzte gefranste Zunge an, um dem Schuh ein wenig mehr Eleganz zu verleihen.

Dass der Schuh mit einem dekorativen Muster aus mehr oder weniger kleinen Löchern versehen ist, gibt ihm seinen typischen Charakter. Der klassische Brogue ist ein Oxford, ein Schnürhalbschuh mit niedrigem Absatz und Lochverzierung auf dem Vorderblatt. Handelt es sich um die Derbyvariante des Schnürschuhs, dann verlaufen Lochmuster auch entlang der geschwungenen Nähte, mit denen die Quartiere (hintere Seitenteile) auf das Blatt aufgenäht sind.

Neben dem Brogue entwickelte sich noch ein anderer Halbschuh, der nach den Gehilfen, die dem schottischen Adel bei der Jagd zur Hand gingen, Gillie oder auch Ghillie genannt wurde. Der Unterschied zum normalen Schnürschuh bestand darin, dass die Schnürbänder nicht durch gestanzte, später mit Metallringen gefasste Ösen geführt wurden, sondern durch aufgenähte breite Lederschlaufen. Durch die Schnürung legten sich die Schlaufen zusätzlich über den Rist, was den Schuh wasserdichter machte.

Geschichte der Brogues

Der moderne Brogue kam zwischen 1776 und 1789 auf, als eine Maschine entwickelt worden war, mit der man das Oberleder nähen konnte. Diese hatte sich der Amerikaner Charles Weinenthal 1789 patentieren lassen. In den 60er Jahren des 19. Jahrhunderts wurde die Blake genannte Nähmaschine so umgebaut, dass man mit gewachstem Faden das Oberleder an die Sohle nähen konnte – was ganz wichtig war, um den Schuh möglichst wasserdicht zu halten.

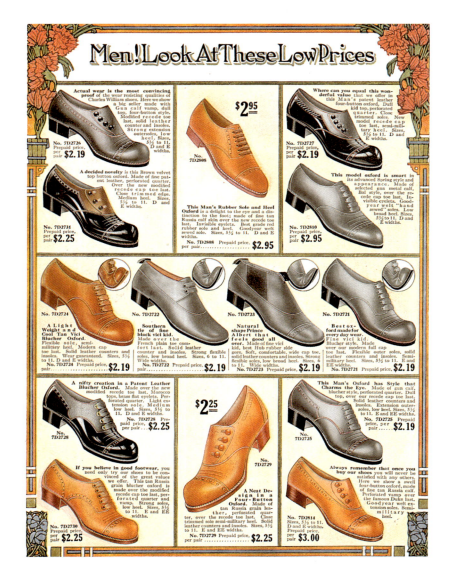

Eine Seite aus einem amerikanischen Versandhauskatalog macht auf die niedrigen Preise der Schuhe im Brogue-Stil mit seinen breiten, zum Teil aufgewölbten Kappen aufmerksam.

BROGUES, OXFORD- UND DERBYSCHUHE

Ein 1916 in der Schweiz hergestellter Derbyschuh aus weißem Leder und Segeltuch. Typisch sind die Lochverzierung auf dem Blatt und am Seitenteil sowie die Senkel aus Seidenband.

Im 18. Jahrhundert war der Brogue das Standardschuhwerk der schottischen und irischen Landarbeiter, doch die Herren des Adels kopierten diesen Typ Schuh und zogen ihn zur Jagd an. Diese frühen Brogues waren aus körnigem Leder gefertigt, hatten gezackte Nahtkanten und waren mit kleinen ausgestanzten Löchern in unterschiedlichen Mustern ornamentiert.

Um 1905 trugen modische schottische Grundherren Brogues mit einer gefransten Überzunge. Die Riemen, mit denen man die Schuhe schloss, liefen in einer feineren Form der Gillieschnürung durch Schlitze im Leder unter der gefransten Zunge. Die Schuhe waren dadurch relativ wasserdicht und deshalb ideal für alle Beschäftigungen im Freien – vom Wandern über das Jagen bis zum Golfspielen. Die Golfer setzten zusätzlich Spikes unter die Sohlen ihrer Brogues, und bald galt dieser Schuhtyp als Golfschuh schlechthin.

Straßenschuh und modisches Flair

Auch als normaler Straßenschuh setzte sich der Schnürhalbschuh durch. Als Modeschuh wurde er aus weicherem Leder hergestellt und hatte eine wesentlich elegantere Silhouette. 1920 bekamen diese Modeschuhe eine gezackte oder breit gefranste Zun-

Florsheim

In der Originalfassung des Kinofilms *Chinatown* flucht Jack Nicholson über einen Florsheim-Schuh, nachdem er fast in einem Wasserbehälter ertrunken wäre und dabei einen Schuh verloren hat. Der Florsheim gilt als ein klassischer amerikanischer Schuh, den sowohl Normalbürger tragen als auch Prominente, etwa der Boxer Muhammed Ali oder der ehemalige Präsident Richard Nixon.

Die Firma wurde 1892 von Sigmund und Milton Florsheim, zwei deutschen Einwanderern, in Chicago gegründet. Seither ist der Name Florsheim ein Synonym für den Schnür- und Schlupfhalbschuh, so wie die Firma Nike dies für den Turnschuh ist.

1996 stellte Florsheim einen Schuh vor, der nie mehr geputzt werden musste, da das Leder durch chemische Behandlung schmutz- und wasserabweisend gemacht worden war. Die dadurch eingesparte Zeit von 10 Minuten täglich – so rechnete Florsheim vor – ergäbe 60 Stunden im Jahr und 1800 Stunden im Laufe einer Arbeitskarriere.

Schuhe für einen Dandy. Dieser dekorative Oxford von 1920 hat auffällige Seidenschnürsenkel.

Rechts: Ungewöhnlich ist die Lochverzierung dieses zweifarbigen Schnürhalbschuhs aus Wild- und Kalbsleder. Bally, 1936.

Schuhe im »Golfstil« mit fransigen Zungen und Lochdekoration; hergestellt 1968 und 1973.

ge, die die Schnürung verdeckte. Der Prince of Wales, der spätere König Edward VIII., trug solche Schuhe bei seinen Reisen nach Schottland zum Kilt. In den 20er Jahren kam dann der zweifarbige Schnürhalbschuh auf; er war zunächst besonders in den Vereinigten Staaten sehr beliebt. Die Vorderkappe und die Quartiere waren aus dunklem Leder, während der Rest des Oberleders hell gehalten wurde. Die in den USA *Spectators* genannten Zweitöner hießen in Großbritannien *Corespondent shoes* und wurden gelegentlich sogar dreifarbig zusammengesetzt. Beliebt waren ein helles Beige mit Dunkelbraun und Schwarz, aber auch schwarzweiße oder braunweiße Schuhe. In den 30er Jahren erreichten sie den Höhepunkt ihrer Popularität. Besonders in Hollywood hatten die *Spectators* eine große Fangemeinde.

Die Lochmuster wurden so beliebt, dass sie nun auch auf den Derbys, auf Stiefeln, Damenpumps und Pantoffeln erschienen. 1966 waren Straßenschuhe en vogue, deren Vorderblatt und Seitenteile mit Lochmustern und gezackten Nahtkanten verziert waren; daneben gab es braune, grüne oder blaue Kalbs- oder Wildlederschuhe mit Gillieschnürung.

Während der 70er Jahre verlangte die Maximode wieder nach höheren Absätzen. Eine schmale, leicht gerundete Kappe ergänzte diesen Look. Vor allem Frauen zeigten Interesse an verschiedenen Arten von Schnürschuhen mit Lochmustern. Die Schnürsenkel wurden durch Ösen geführt, um kleine Haken gelegt oder durch Gillieschlaufen gezogen. Die Schnürbänder selbst hatten an den Enden oft dekorative Metallkappen, Perlen oder kleine Lederquasten. Der Schnürhalbschuh gehörte nunmehr zur Haute Couture. Auch die Herrenschuhe wurden in den 70er Jahren wieder mit Lochmustern versehen. Sie gaben dem Vorderteil des Schuhs ein männliches Aussehen und verdrängten den feminineren höheren Absatz, der zuvor für Männer zu den Schlaghosen modern gewesen war. Sogar Freizeitschuhe hatten oft eine Lochverzierung an den Nahtstellen der einzelnen Teile des Oberleders. Und auch Zweitöner wurden gelegentlich wieder gesehen.

Britischer Stil

Heute hält man den Schnürhalbschuh weltweit für einen typischen Schuh britischen Stils, besonders wenn er aus braunem Leder hergestellt ist. Tatsächlich finden sich einige der namhaftesten Hersteller in Großbritannien. Bei Church, Barker, Loakes, Grenson und Oliver Sweeny werden Brogues als Maßschuhe angefertigt.

Ein ungewöhnliches Modell von Bally, ca. 1941, mit Plateausohle, reicher Dekoration und geschwungener Lochverzierung.

Ein Derbyschuh aus braunem Leder und naturfarbenem Segeltuch. Übernommen wurde die Lochdekoration des Brogue. Bally, ca. 1928.

DESIGNERPROFIL

Lobb of St James's

Lobb in der St. James' Street in London ist berühmt für seine Herrenschuhe, insbesondere für Schnürschuhe und Slipper, die dort in traditioneller Weise von Hand genäht werden. Leicht kann man für ein Paar Lobb-Schuhe 2000 oder 3000 Mark ausgeben.

Bis ein Paar bei Lobb von Hand hergestellte Maßschuhe fertig ist, können bis zu sechs Monate vergehen. Die Herstellung umfasst viele Schritte, die von qualifizierten Fachkräften ausgeführt werden. Zunächst wird der Fuß des Kunden genau vermessen, dann wird vom Leistenschnitzer aus Birken-, Ahorn- oder Weißbuchenholz ein Leisten angefertigt. Der Kunde kann zwischen 50 Sorten Leder wählen, darunter Kalbs-, Schweins-, Hirsch-, Elefanten-, Eidechsen-, Straußen- oder Pythonleder. Vom Zuschneider wird das Oberleder passend geschnitten. Der Oberschuh besteht aus mindestens acht Teilen, und für jedes Teil wählt der Zuschneider sorgfältig das geeignete Stück des Leders aus. Das zugeschnittene Leder wird von Hand zusammengesetzt und vernäht.

John Lobb gründete den Betrieb Mitte des 19. Jahrhunderts. Um sich das Geld zu verdienen, das er zur Eröffnung brauchte, ging er nach Australien, wo er mit seinen Stiefeln für Goldschürfer einen großen Erfolg hatte, denn in den ausgehöhlten Absätzen konnte man das Gold verstecken. Nach seiner Rückkehr im Jahr 1866 eröffnete Lobb eine Werkstatt und einen Laden in London und wurde Stiefelmacher von König Edward VII. Seither ist die Firma in Familienbesitz.

Während der Weltwirtschaftskrise wäre der Betrieb fast in Konkurs gegangen, doch gelang es Eric, dem Enkel von John Lobb, ihn durch die schwierige Zeit zu führen. Er brachte ihn auch über den Zweiten Weltkrieg, obwohl das Geschäft sechsmal durch Bomben beschädigt wurde.

Heute verfügt Lobb über eine Sammlung von 30 000 Leisten. Sie werden nach den Namen der Kunden alphabetisch geordnet und in Regalen im Untergeschoss des Geschäftes in der St. James's Street aufbewahrt. Lobb besitzt auch ein weiteres unschätzbares Archiv: *The Book of*

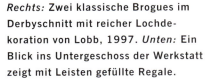

Rechts: Zwei klassische Brogues im Derbyschnitt mit reicher Lochdekoration von Lobb, 1997. *Unten:* Ein Blick ins Untergeschoss der Werkstatt zeigt mit Leisten gefüllte Regale.

Famous Feet – das Buch berühmter Füße –, das die mit Bleistift gezogenen Umrisse der Füße prominenter Kunden enthält. In Schuhen von Lobb schritten König Hussein von Jordanien und Kaiser Haile Selassie von Äthiopien zur Krönung; der Schah von Persien ging in ihnen ins Exil und Lord Louis Mountbatten zog mit ihnen in den Krieg.

1956 wurde Lobb als Königlicher Schuhmacher bestätigt, seit 1980 fertigt das Unternehmen die Schuhe von Prinz Charles. 1987 gewann Lobb die höchste französische Auszeichnung für seine Zunft.

89

Gucci

Ende der 70er Jahre ging Guccis Doppel-G-Logo um die Welt und steht seitdem für hochwertige, teure Mode.

Der Sattlermeister und Firmengründer Guccio Gucci (1881–1953) hatte 1904 in Florenz ein Geschäft für exquisite Lederwaren, darunter Koffer, Reise-, Hand- und Brieftaschen, eröffnet.

Als während des Zweiten Weltkriegs Leder rationiert wurde, sah sich Gucci gezwungen, auf Segeltuch umzusteigen. In dieser Zeit präsentierte er auf den Tragegurten seiner Taschen und Koffer erstmals sein Markenzeichen: drei Streifen in Grün-Rot-Grün. Nach dem Krieg avancierte er zu einem der führenden italienischen Markenhersteller von Taschen und Lederwaren und zählte sowohl Jacqueline Onassis als auch Grace Kelly zu seinen Kundinnen.

Bis gegen Ende der 70er Jahre hatte das Haus Gucci so viele Lizenzen für seinen Namen vergeben, dass man sein Logo auf mehr als 10 000 Produkten sah – von der Bechertasse bis zur Whiskyflasche. Als Maurizio Gucci, ein Enkel des Gründers, 1990 Dawn Mello für ein Jahr als Designdirektor anstellte, sorgte dieser dafür, dass die Lizenzen nicht verlängert wurden und dass das Doppel-G-Logo von der Außenseite der meisten Produkte der Firma verschwand.

Mello stellte ein Designerteam zusammen, das die Archive von Gucci durchkämmte und alte Entwürfe mit neuem Pep versah: Plötzlich gab es Gucci-Slipper in Metallicfarben, in pastellfarbenem Wildleder und als Satinausführung mit Strassverzierung. Einer der jungen Designer, Tom Ford, entwarf eine völlig neue Linie. 1993 kaufte Investcorp Gucci auf und setzte Ford erfolgreich als Designdirektor ein.

Aus Stoff und aus naturfarbenem Leder sind die Schuhe mit den zeittypisch gerundeten Kappen gemacht, die Parlo Leoni für Volare entwarf. Das amerikanische Schuhhaus verkaufte sie zwischen 1967 und 1971.

Fast die Hälfte der Herrenhalbschuhe, die bei Church produziert werden, sind Brogues. Abgesehen von der Ornamentierung ist die Firma stolz auf die traditionelle Konstruktion ihrer Schuhe, die als besonders Wasser abstoßend gilt. Das Geheimnis, so heißt es, sei der »Goodyear-Rahmen«, den Charles Goodyear 1872 erfand und den die Firma Church für ihre Zwecke adaptierte.

Wasserdichte Konstruktion

Bei der Goodyear-Rahmenkonstruktion handelt es sich um eine zusätzliche Lage Leder zwischen Fuß und Boden. Diese Brandsohle des Schuhs hat entlang ihrer Außenkante einen gitterartig durchbrochenen Wulst, mit dem sie unten auf den Leisten – er besteht aus Holz oder Metall – gesteckt wird. Dann wird das zuvor vollständig fertig gestellte Oberteil samt Innenfutter, Zehen- und Fersenversteifungen oben über den Leisten gezogen und am Wulst der Brandsohle befestigt. Danach wird der Rahmen, ein etwa 4 mm dicker Lederstreifen, mit dem

Ein auffallend detailreich ausgearbeiteter Brogue aus zweifarbigem Ziegenleder; hergestellt von Herbert Levine, um 1970.

Church – Aufstieg zum internationalen Hersteller

Das Familienunternehmen Church, Hersteller traditioneller britischer Schuhe, hat sich bis in die USA, Kanada, Europa und den Fernen Osten ausgeweitet. Weltweit besitzt es 160 eigene Geschäfte und Konzessionen für 60 weitere Läden.

Die Firma Church wurde 1873 in Northampton, England, von den drei Brüdern Alfred, Thomas und William Church gegründet. Ende der 90er Jahre war John Church, ein Enkel der drei Gründer, Leiter der Firma.

Während des 19. Jahrhunderts wurden Schuhe in Heimarbeit hergestellt, und die Flickschuster arbeiteten oft in der eigenen Wohnküche. Erst die drei Church-Brüder hatten die Idee, das schuhmacherische Können der Zeit unter einem Dach zu vereinigen.

Heute betreibt die Firma drei Fabriken in Großbritannien sowie eine in Kanada; weltweit hat sie mehr als 2000 Angestellte. Eine nicht zur Firma gehörende Fabrik in Italien produziert eine breite Palette handgefertigter Mokassins, die ausschließlich an Church geliefert werden. Allein die Fabriken in Northampton stellen mehr als 5000 Paar Herrenschuhe wöchentlich her; außerdem hat Church permanent 50 000 Paare an Lager.

Der Schlüssel für die erfolgreiche Arbeit, die bei Church geleistet wird, ist die Zeit, die man Designern, Zuschneidern und Lizenznehmern lässt. So geht man sicher, dass die Kollektion vor allem dem britischen Geschmack entspricht. Mitte der 90er Jahre kam unter dem Markennamen Church 2000 jedoch eine jugendliche, legerere Kollektion heraus. Und auch den klassischen Bootsschuh für Segler, der heute in 22 Ländern verkauft wird, kreierte Church.

Church-Schuhe werden nach wie vor im klassischen Verfahren als rahmengenähte Schuhe hergestellt, auch wenn weltweit nur noch sechs Prozent des Schuhwerks nach dieser aufwändigen Methode gefertigt werden. Zunehmend hat Church jedoch auch moderne Methoden und Maschinen eingeführt, um einen größeren Markt zu erreichen. Darüber hinaus verkauft die Firma Seidenkrawatten, Socken und Gürtel.

Klassischer Schnürhalbschuh im Derbystil.

Rechts: Ein Brogue für Damen im Stil des zweifarbigen Spectator von Joan & David. *Unten:* Ein schlichter Oxford von Bruno Magli.

Oberteil und dem Wulst der Brandsohle vernäht. Diese Vernähung von Brandsohle, Rahmen und Oberleder ergibt einen Hohlraum unter der Brandsohle, der mit einer Mischung aus Kork und Harz gefüllt wird, wodurch sich die Brandsohle der Fußform des Trägers optimal passen kann. Zuletzt wird die Außensohle befestigt und mit einem Spezialstich mit einem besonders eng gezwirnten Faden am den Rahmen genäht.

Gatto, Rossetti und Florsheim

Obwohl der Brogue mit britischer Schuhmacherkunst assoziiert wird, produzieren auch die Italiener hochelegante Schnürhalbschuhe als Modeschuhe. Das 1912 gegründete Haus Gatto stellt raffinierte Versionen des Brogue für eine reiche, exklusive Klientel her; in den 90er Jahren führten sie einen Schnürhalbschuh mit Karreespitze in ihre Kollektion ein. Die Firma Fratelli Rossetti produziert eine Palette von Spectators für Damen und Herren, die sie »Sportivo« nennt.

In den USA stellt Florsheim seit Jahrzehnten hervorragende Brogues her. Sie sind aus einem speziellen Pferdeleder, das in puncto Aussehen und Haltbarkeit weltweit als das beste anerkannt ist.

DESIGNERPROFIL

Johnston & Murphy

Als US-Präsident Bill Clinton bei Johnston & Murphy in Nashville ein Paar schwarze Schnürhalbschuhe mit abgesetzter Kappe bestellte, bekam er – als verbürgter Elvis-Presley-Fan – ein Paar Pennyloafer aus dunkelblauem Wildleder mitgeschickt.

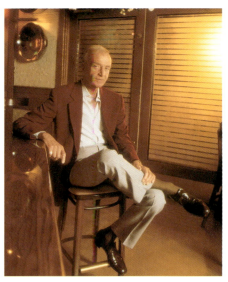

Johnston & Murphy stellen Schuhe für Präsidenten ebenso wie für Gangster her. Frank »Lefty« Rosenthal (*oben*), einst Kasinoinhaber in Las Vegas und Vorbild für eine Figur in Scorseses Film *Casino*, hat ein Faible für Lackschuhe mit leicht erhöhtem Absatz.

Nicht nur Bill Clinton, sondern alle amerikanischen Präsidenten seit Millard Filmore (1850–1853) haben handgearbeitete Schuhe von Johnston & Murphy getragen. Der aus England eingewanderte William J. Dudley hatte das Unternehmen 1850 in Newark, New Jersey, gegründet. 1880 tat sich Dudley mit James Johnston zusammen, um gemeinsam Schuhe von höchster Qualität herzustellen. Als Dudley 1882 starb, stieg William H. Murphy als neuer Partner in das Unternehmen ein, das sich seither Johnston & Murphy nennt.

Die Firma, die 1957 nach Nashville, Tennessee, umzog, gehört bis heute zu den wenigen amerikanischen Unternehmen, die weiterhin Schuhe von Hand herstellen. Seit 1948 geschieht dies unter der Aufsicht von Domenick DiMeola, der sein Handwerk in Italien mit Werkzeugen lernte, die er von seinem Vater und Großvater geerbt hatte. 1963 arbeitete Raymond Robinson bei DiMeola als Lehrling; heute ist Robinson erster Meister bei Johnston & Murphy. Er fertigte die Wildlederslipper für Bill Clinton an.

Drei Herrenstraßenschuhe aus dem Hause Johnston & Murphy. Das linke und mittlere Modell besteht aus Nubukleder, das rechte aus weichem Glattleder. Die beiden Schnürschuhe sind Halbschuhe im Oxfordstil mit zurückhaltender Lochverzierung.

Auch für Gangster haben Johnston & Murphy Schuhe hergestellt. Als Martin Scorsese 1995 seinen Film *Casino* über einen Bandenzwist im Las Vegas der 70er Jahre drehte, wandte er sich an Johnston & Murphy. Robert De Niro war für die Rolle des Ace Rothstein vorgesehen, eine Figur, die dem Gangster Frank »Lefty« Rosenthal nachempfunden war. Da Scorsese absolute Authentizität wünschte, überließ man Johnston & Murphy ein Paar von Rosenthals Schuhen als Modell, anhand dessen sieben Paar Schuhe mit erhöhtem Absatz in Lackleder in den Farben Rosa, Grau, Türkis, Königsblau und Beige für Robert De Niro angefertigt wurden.

Eine Werbeanzeige aus den 30er Jahren preist das feine Leder dieser Schnürhalbschuhe im Derbystil an.

Bill Clinton war einer von fünf Präsidenten, die Schuhe mit abgesetzter Vorderkappe wählten. Zu den Präsidenten, die sich für diese Art von Halbschuhen entschieden, gehörte auch Harry S. Truman. Den Firmenunterlagen zufolge hat Bill Clinton mit der amerikanischen Größe 13 C die größten Präsidentenfüße seit Woodrow Wilson. Obwohl man Wilson lange für einen reichlich langweiligen Präsidenten hielt, bestellte er doch weit mehr aufregende Schuhe bei Johnston & Murphy als Bill Clinton. Er orderte denselben Typ, jedoch aus weißem Wildleder vom Rehbock.

Johnston & Murphy besitzen eine Fülle von Präsidentenschuhen, die bei Wanderausstellungen gezeigt werden, darunter sind Abraham Lincolns schwarze Schnürstiefeletten und Ronald Reagans klassische Halbschuhe. Da das Unternehmen keine Schuhe von Ulysses S. Grant auftreiben konnte, stellt es wenigstens Leisten seiner Schuhe aus. Andere in der Ausstellung vertretene Präsidenten sind Dwight D. Eisenhower, John F. Kennedy, Lyndon Johnson, Harry Truman, Richard Nixon und Gerald Ford.

Als Rosenthal die Schuhe sah, bestellte er umgehend mehrere Paar bei Johnston & Murphy für sich selbst. Er wählte denselben Stil, doch da sein Geschmack im Laufe der Jahre ein wenig nüchterner geworden ist, entschied er sich für die Farben Schwarz, Burgunderrot und Mitternachtsblau. Auch Jack Nicklaus, Tommy Lasorda sowie Arnold Palmer tragen Schuhe von Johnston & Murphy.

Der schwarze Schnürschuh (*links*) ist eine Sonderanfertigung für Bill Clinton, für den auch der klassische blaue Wildledermokassin (*rechts*) hergestellt wurde.

93

8

Slipper und Mokassins

Der Mokassin ist der Beitrag der nordamerikanischen Indianer zur Fußbekleidung. Die ersten Siedler ahmten die komfortable Schuhtracht rasch nach und bald fand sie ihren Weg in die Alte Welt, wo der Mokassin später in Form des berühmten Gucci-Slippers zum Symbol von Understatement und Eleganz werden sollte. Der Mokassin ist im Grunde – wie der europäische Bundschuh – ein Ledersack für die Füße. Ein einzelnes Stück Leder diente als Sohle und Oberschuh zugleich, obwohl gelegentlich ein zweites Stück als zusätzliches Vorderblatt über den Spann gesetzt wurde. Der moderne Slipper oder Loafer (das Wort geht vermutlich auf das alte deutsche Wort »Landläufer« zurück, womit man früher einen Landstreicher oder Tippelbruder bezeichnete) ist ein zweiteiliger Mokassin, der zusätzlich eine verstärkende Sohle und manchmal eine quer über den Spann verlaufende typische Zierspange bekommt. Teure Schlupfschuhe dieser Art behalten das schlauchförmige Design des Mokassins bei: Das rund um den Fuß hoch gebogene Schlenleder wird mit einem flachen Blatt versehen, das mit U-förmiger Steppnaht aufgesetzt wird.

Drei aus jeweils einem Stück Leder gefertigte, reich mit Stickerei und Perlen verzierte Mokassins nordamerikanischer Indianer (*oben*). Zwei Modelle haben lederne Schnürbänder. *Rechts:* Der moderne Penny-Loafer aus braunem Leder ist der Machart der Mokassins nachempfunden.

94

SLIPPER UND MOKASSINS

Sperry-Top-Sider

1935 arbeitete der Segler Paul Sperry an der Entwicklung eines rutschfesten Schuhs mit Gummisohle, den er auf seiner Jacht tragen wollte.

Nachdem er die Pfoten seines Cockerspaniels Prince genau studiert hatte, kam ihm die entscheidende Idee für die richtigen Sohlen. Sperry imitierte die geriffelten Furchen der Pfotenpolster, indem er Riffelmuster für die Kreppgummisohlen seiner Segeltuchturnschuhe anfertigte. Sie gaben ihm und seiner Crew auf den schlüpfrigen Planken einen nahezu perfekten Halt.

Kurz darauf entwickelte er seinen ersten ledernen Bootsschuh, den Sperry-Top-Sider, mit dem rund um den Fuß geführten ledernen Schnürriemen. Dieser Schuh erfreute sich nicht nur bei Seglern großer Beliebtheit, sondern wurde auch als Straßenschuh getragen. The Stride Rite Corporation kaufte Sperry Top-Sider Incorporated 1979 auf und erweiterte die Modellpalette.

MODE AUF WEICHEN SOHLEN

Die Ursprünge der Mokassins reichen weit in die menschliche Vergangenheit zurück, denn sie sind eng verwandt mit den Fußsäcken der nordeuropäischen und asiatischen Ureinwohner. In der europäischen Bronzezeit trugen Männer wie Frauen eine Bundschuh genannte Fußbekleidung, die wie der indianische Mokassin aus einem einzigen Stück Fell oder Leder bestand. Am Rand war dieser Schuh mit Einschnitten versehen, durch die eine lederne Bindeschnur gezogen wurde, mit der man den Fußsack über dem Fuß zusammenband und um den Knöchel schloss. Einen Fußschutz dieser Art werden auch die Menschen getragen haben, die vor etwa 20 000 Jahren, während der Wisconsin-Eiszeit, von Nordostasien aus über die damals trocken liegende Beringstraße nach Amerika einwanderten. Sie waren die Vorfahren aller Indianer Nord- und Südamerikas. Einige dieser Einwanderer machten sich später daran, die Form und Art der Fußsäcke zu verfeinern. In den nördlichen Regionen verwendeten sie weich gegerbtes Hirsch-, Elch- oder Karibuleder und brachten es in eine dem Fuß besser angepasste Form. Auf eine harte Sohle verzichteten sie jedoch ganz bewusst, denn das weiche Leder bot Schutz, ließ aber gleichzeitig noch spürbaren Bodenkontakt zu, was bei der Jagd von Vorteil war. Außerdem konnte man mit den flexiblen Mokassins besser im Kanu knien und man konnte sie besser an den geflochtenen Rahmenschneeschuhen befestigen.

Das Wort Mokassin stammt aus dem Algonkin, der größten nordamerikanisch-indianischen Sprachfamilie. Im Allgemeinen wurden die Mokassins kunstvoll mit gefärbten Stachelschweinborsten, so genanntem Quillwork, verziert. Als dann die ersten Europäer ins Land kamen, verdrängten bunte Glasperlen die alte mühsame Technik. Die Frauen der Kolonisten, deren Füße in unbequeme enge Schuhe gezwängt waren, erkannten bald die Vorteile der Mokassins und tauschten sie als Hausschuhe gegen

Der Bootsschuh (*links*) ist der Vorläufer des so genannten Sperry-Top-Siders (*rechts*), eines Bootsschuhs, den man heute wohl öfter an den Füßen von Landratten auf der Straße als bei echten Seglern sieht.

Werbeanzeige in der *Saturday Evening Post* für Herrenschuhe im Mokassinstil.

andere Gegenstände bei den Indianern ein oder bestellten sie gegen Bezahlung. Die europäischen Waldläufer wählten gern den aus dem strapazierfähigeren Bisonfell hergestellten Mokassin der Prärieindianer.

Schließlich fand der Mokassin auch seinen Weg nach Europa. Am 26. April 1792 notierte Mrs. Simcoe, eine Hausfrau aus Quebec, in ihr Tagebuch, sie habe bei den Indianern, obwohl sie nicht mehr so oft in die Stadt kämen wie früher, ein Paar bunt bestickter Mokassins bestellt, die sie ihrer Tochter nach England schicken wolle, weil sie sie für hübsche Kinderhausschuhe halte.

Die Konstruktion

Im Laufe des 20. Jahrhunderts kamen Mokassins in Form von Schlupfschuhen verschiedener Art in Europa in Mode. Doch sei es nun der klassische Pennyloafer, der Bootsschuh oder der grob von Hand zusammengenähte Automok – das jüngste Mitglied der Mokassinfamilie – sie alle sind durch die Art ihrer Konstruktion verwandt.

Das eindeutigste Charakteristikum des modernen Mokassins ist das U-förmige flache Blatt, das manchmal in eine besonders weit über den Spann hoch gezogene Lasche oder Zunge ausläuft. Das Blatt wird mit deutlich sichtbarer Steppnaht mit dem hoch gebogenen Sohlenleder vernäht, üblicherweise von Hand.

Der echte Mokassin, bei dem das Sohlenleder den Fuß rundum umschließt und somit Sohle und Seitenteil bildet, hat den Vorzug, sich der Fußform ideal anzupassen. Der Fuß wird nicht eingeengt, und es gibt keine harten Säume, die drücken könnten.

Entsprechend simpel ist die Herstellung der Mokassins. Schon der Zuschnitt des Leders ist einfacher, nicht zuletzt, weil der Mokassin aus weniger Teilen zusammengesetzt ist. Ist das Blatt mit dem Sohlenleder vernäht, wird der Schuh auf den Leisten gezogen und bei manchen Herstellern durch Schrumpfung in die exakte Form gebracht. Dazu wird das auf den Leisten gezogene Leder nass gemacht, dann lässt man es auf dem Leisten trocknen, wobei es sich der Form des Leistens genau anpasst. In seiner modernen Form bekommt der Mokassin im Allgemeinen eine Außensohle, die erst ganz zum Schluss aufgenäht wird.

Der norwegische Mokassin

Um die Jahrhundertwende hatte der Mokassin nur wenige Anhänger, doch in den 30er Jahren, als die Herrenkleidung legerer wurde, war der ungefütterte norwegische Mokassin beliebt, besonders in Amerika. 1935

Ein klassischer Slipper im Mokassinstil mit Pennyloafer-Ristspange aus schwarzem Kalbsleder; hergestellt von Grosvenor.

Minnetonka Moccasins

1996 feierte Minnetonka Moccasins sein 50jähriges Firmenjubiläum. In den 60er Jahren verbuchte das amerikanische Unternehmen Erfolge, als der Mokassin zum Lieblingsschuh der Hippies avancierte, in den 70ern erfüllte sein mit Perlen besetzter »Thunderbird« die Träume der Stadtcowboys, und in den 80ern war es mit seinen Automokassins führend. Die Firma ist überzeugt, dass sich der Mokassin noch lange halten wird. David Miller, Präsident von Minnetonka und Enkel des Gründers Philip Miller, sagte: »Wir sind vorsichtig, wenn wir etwas Neues herausbringen, denn uns interessiert vor allem, was wir in einem Jahr, in zwei oder fünf Jahren verkaufen werden.«

Bass Leavitt Penny Loafer

Der Leavitt Penny Loafer ist nach Norm Leavitt benannt, einem Mitarbeiter der Firma Bass, der dort 40 Jahre lang in der Qualitätskontrolle arbeitete. Der 1936 vorgestellte Schuh kostete nur 8 Dollar. Auf 17 Jahre patentiert, war seine Besonderheit die Ristlasche, in der ein Penny steckte. Das erfolgreiche Modell gibt es bis heute; zu seinen berühmten Trägern zählen James Dean und Michael Jackson.

wurde er in Großbritannien in Massenproduktion gefertigt. Norwegische Forscher hatten den Schuhtyp in Nordamerika wieder entdeckt und bei sich zu Hause eingeführt. Das Besondere am norwegischen Mokassin war die harte Sohle; vor allem aber – revolutionär für seine Zeit – war er ein Schlupfschuh. Bis dahin trugen Herren der gehobenen Gesellschaft nur Schnürschuhe oder geknöpfte Lackhalbstiefel.

Für die Damen wurde etwa um die gleiche Zeit die Saharasandale vorgestellt, die trotz ihres Namens grundsätzlich wie ein Mokassin konstruiert war. Die Sohle war um den Fuß hochgezogen, doch fehlte dem Schuh das eingesetzte Blatt. Stattdessen wurde die Sohle mit einem kreuzweise über dem Fuß geschnürten Lederriemen gehalten, der zuletzt um den Knöchel gebunden wurde.

In den 50er Jahren lagen in den USA bequeme Schlupfschuhe im Mokassinstil sowohl für Damen und Herren als auch für Teenager wieder voll im Trend. Mokassins in antik aussehendem braunem Kalbsleder waren der Modehit bei amerikanischen Schulmädchen. In Europa begannen sich Schlupfschuhe von etwas anderer Art durchzusetzten – die so genannten Ballerinaslipper.

Der Pennyloafer

Eine spezielle Variante der amerikanischen Schlupfschuhe führte den langatmigen Namen *Kerrybrooke Teenright Smothies*; das »smothie« machte dabei deutlich, dass es sich um einen weichen Schuh handelt. Seine Besonderheit war eine Zierspange aus Leder, die quer über die Lasche lief und einen kleinen Ausschnitt hatte. Da es plötzlich Mode wurde, in diesen Schlitz einen Penny als Glücksbringer zu stecken, erhielt der Schlupfschuh den gefälligeren Namen Pennyloafer. In kürzester Zeit entwickelte sich dieser Schuh zu einem Trendsetter und ist auch heute noch zu sehen, wenngleich seltener mit eingelegtem Glückspfennig. G. H. Bass stellte in den 90er Jahren den »Weejun« in braunem Leder vor, der wieder einen Penny im Schlitz der Ristspange hatte. Auch Chanel erwärmte sich für diese Idee und brachte 1995 einen Pennyloafer mit breitem, hohem Absatz heraus, in dessen Ristspange eine goldfarbene Sonderprägung des Hauses Chanel steckte.

1955 importierte der Amerikaner Henri Bendal einen in Belgien in Handarbeit hergestellten Schuh und verkaufte ihn seitdem exklusiv in seinem Laden in Midtown Manhattan. Der seiner Herkunft nach »Belgian Loafer« genannte Schlupfschuh ist nach dem Vorbild der Filzschuhe belgischer Bauern gearbeitet. Er hat einen kleinen flachen Keilabsatz; das aufgesetzte Blatt besitzt eine rundum laufende feine Paspellierung und ist mit einer kleinen Schleife verziert.

Um seinen Schuh vor Nachahmern zu schützen, nannte Bendal ihn seit Mitte der 90er Jahre »Belgian Casual« und stellte ihn in allen nur denkbaren Farben und aus

Oben: Ein Paar in den USA hergestellte Sebago-Bootsschuhe. Sie haben eine Kunststoffsohle, aber ein Oberteil aus Leder und lederne Schnürsenkel, die typischerweise auch um die Seiten und Ferse laufen.

Unten: Dieser Loafer von 1947 aus marineblauem und cremefarbenem Leder ist ein klassischer Vertreter seiner Art. Das Vorderblatt wurde in Mokassinart aufgenäht.

MODE AUF WEICHEN SCHUHEN

Ein Schlupfschuh aus naturfarbenem Wildleder im Mokassinlook mit Zierschleife und gelochtem Blatt; hergestellt von Bally, 1947.

Sebago

Die 1946 gegründete Firma Sebago stellte ihren ersten Bootsschuh 1948 her. Pro Woche werden heute bis zu 38 000 Paar hoch modische und klassische Schuhe produziert. Die umlaufenden Bänder werden dabei von Hand eingefädelt, da es keine Maschinen gibt, die diese Arbeit ausführen können. Der berühmteste Schuh der Firma ist der der 1969 eingeführte und noch heute produzierte »Sebago Dockside« mit Antirutschsohle.

den verschiedensten Materialien her – aus Baumwollstoff und Seidenbrokat, aus Leinen, Segeltuch, Samt, eidechsengeprägtem Kalbsleder, aus Lackleder, Velours und Ähnlichem. Jedes Paar ist handgefertigt.

Der Loafer verdankt seine Popularität nicht zuletzt dem Film. 1957 sah man Elvis Presley in dem Streifen *Jailhouse Rock* in einem Paar Loafer aus weißem Leder und bald assoziierte man den Schuh ganz allgemein mit der sonnigen Westküste Amerikas.

Einige italienische Schuhhersteller fertigten das Blatt aus Flechtleder, was aus dem Loafer einen kühlen Sommerschuh machte. Der *Sunday Times* von 1966 zufolge war Guccis Slipper im Mokassinstil – er wurde 1957 erstmals vorgestellt – zu einem Statussymbol geworden. Der zunächst nur als Herrenschuh in braunem und schwarzem Leder präsentierte Mokassin besteht aus einem einzigen Stück Leder, das den ganzen Fuß umschließt; lediglich eine U-förmige Steppnaht erweckt den Eindruck eines eingesetzten Blattes. Als Verzierung hat Gucci dem Schuh eine Miniaturtrense beigegeben. Dieses unverwechselbare Accessoire zierte bald die Füße von Clark Gable, John Wayne und später auch von Grace Kelly und Audrey Hepburn.

Wiederbelebung durch die Indianer

1973 besetzten nordamerikanische Ureinwohner das Schlachtfeld am Wounded Knee – eine Aktion, die auch das Interesse für den Mokassin wieder belebte. Ein neues Bewusstsein für ihr kulturelles Erbe führte indianische Mokassinhersteller dazu, ihre alten Quillmuster an die moderne Welt anzupassen. Man entwarf den Cree-Mokassin, der aus Elchhaut hergestellt wurde und einen bis zum Knöchel hoch gezogenen Schaft besaß. Dadurch schuf man für die Perlendekorationen, die den ganzen Schuh bedeckten, viel Raum.

Auch der moderne Winnebago-Makassin fand eine weite Verbreitung. Die große Lasche war nur wenig mit Perlen besetzt: Der Schaft war wie eine Manschette nach außen umgeschlagen und seitlich angenäht, um eine Art Tunnel für den Binderiemen zu schaffen. Gleichwohl hatten die handgefertigten indianischen Schuhe gegenüber der Konkurrenz der Industrieprodukte keine Chance.

In den 80er Jahren trugen Männer wie Frauen bequeme Loafer, da sie hervorragend zur Jeansmode passten, die nun en vogue war. Collegeschuhe nach amerikanischem Vorbild waren in Europa so beliebt wie im Herkunftsland, und trotz der zahllosen Imitate blieb auch der Gucci-Slipper aus schwarzem Leder mit der grün-roten Segeltuchspange und der Trense darüber ein gesuchtes Statussymbol. 1989 stellte Gucci eine Version dieses Slippers für Frauen vor; die Trense als Dekoration blieb jedoch als Erinnerung an den Gründer des Unternehmens, den Florentiner Sattlermeister Guccio Gucci, erhalten.

Ein anderer erfolgreicher Schuh – und eine ernst zu nehmende Konkurrenz für die Loafers – war der Automok von Diego Della Valle. Inspiriert von den rutschfesten Schuhen der eu-

Fortsetzung Seite 102

Unten: In den späten 50er Jahren für den Sänger Buddy Holly hergestellte braune Wildlederschuhe mit mokassinähnlichem Schnitt. Die Schnalle stellt jedoch eine Abweichung vom damals herrschenden Stil dar.

DESIGNERPROFIL

Patrick Cox

Einst als Enfant terrible unter den Designern verschrien, ist Patrick Cox, der Erfinder des »Wannabe«, heute eine fest in seinem Metier etablierte Persönlichkeit. Seine Schuhe haben Chic, und seine Ideen werden kopiert wie die von Gucci oder Chanel.

Die Entwürfe von Patrick Cox aus den 90er Jahren haben bunte Lederstreifen in den Regenbogenfarben. Sie laufen längs und quer über das mokassinartig eingesetzte Vorderblatt.

Ein Entwurf aus den 90er Jahren. Der wuchtige braune Kalbsledermokassin hat die typische Pennyloafer-Ristspange.

Patrick Cox wurde 1963 in der kanadischen Stadt Edmonton geboren. Als er die Nachtclubs von Toronto entdeckte, gab er seinen Kindertraum, Arzt zu werden, spontan auf. Die Kleidung, in der Cox die Clubs besuchte, machte auf Loucas, einen lokalen Modedesigner, einen solchen Eindruck, dass er ihn für seine Modenschauen engagierte.

Als Erstes entließ Cox ein damals unbekanntes Model namens Linda Evangelista. Bei den Schuhen, die er für Loucas' Kollektionen wählte, bewies er dagegen ein besseres Urteilsvermögen. Er ließ in der Chinatown von Toronto spezielle Kung-Fu-Slipper anfertigen, die Loucas so gut gefielen, dass er ihn nach London schickte, um auf dem Cordwainers College Schuhdesign zu lernen. In den 80er Jahren war Cox von allem, was britisch war, besessen. Er war fasziniert von der Neoromantik, las das Kultmagazin *The Face* und interessierte sich für die Mode von Vivienne Westwood. Als er sich am Cordwainers College eingeschrieben hatte, lernte er wenig später einen Assistenten von Westwood kennen, der ihn näher mit der Ideenschmiede der Designerin bekannt machte. Cox stellte den Westwood-Models drei Entwürfe mit Plateausohlen vor und fand damit großen Anklang. Die hohen goldfarbenen Schuhe gefielen auch Vivienne Westwood und bald schon engagierte sie Cox für ihre folgenden Modenschauen.

1985, nach Abschluss seines Studiums, präsentierte Cox bei der Londoner Modewoche seine erste Kollektion. Bis 1988 entwarf er Schuhe für Katherine Hamnett, Richard James, John Galliano, John Rocha und Anna Sui. Doch Cox hatte keine Lust, ein Londoner Kultdesigner zu sein, der zwar viel Beachtung bei

100

der Presse fand, aber nur wenig Geld mit seinen Entwürfen verdiente. Da seine Vorbil-der Gucci und Prada hießen, steckte sich Cox höhere Ziele. Doch die Produktion seiner Entwürfe stellte eine Problem dar: Er konnte sie entweder in kleinen Londoner Handwerksbetrieben herstellen lassen, wo weder auf Qualität noch auf Lieferzeiten Verlass war, oder in den Fabriken in Northampton, wo aber nur seine konservativeren Entwürfe umgesetzt werden konnten.

Glücklicherweise entdeckte Cox 1988 eine Fabrik in Italien, die in der Lage war, seinen Ansprüchen in jeder Weise zu genügen. Da er jedoch bei seinen alten Herstellern eine sechsmonatige Kündigungsfrist einzuhalten hatte, konnte er eine Saison lang keine Kollektion präsentieren, was ihn finanziell ruinierte. Als er endlich mit der Herstellung in Italien beginnen konnte, fand er in kürzester Zeit mehr als 50 Abnehmer in Japan, Europa und in den USA.

Im September 1991 eröffnete Cox sein erstes eigenes Geschäft in London, im März 1992 kreierte er den »Wannabe« – eine Serie leicht klobiger Lederloafer in leuchtenden Farben. Kaum hatte er den Schuh jedoch vorgestellt, da begannen andere Firmen ihn zu kopieren. Cox konnte die Situation aber zu seinem Vorteil nutzen, indem er die italienische Firma, die die besten Kopien fertigte, dazu brachte, seine Originale herzustellen. Man rechnete mit einem Verkauf von 10 000 Paar in der ersten Saison, erreichte aber tatsächlich 20 000 Paar.

1994 eröffnete Cox eine Filiale in Paris, 1995 eine weitere an New Yorks Madison Avenue. Im Herbst 1996 hatte er eine Million Paar seiner »Wannabes« verkauft; seit 1997 bietet er auch Wannabe-Kleider an, außerdem Patrick-Cox-Taschen sowie Tennisschuhe, die er »PCs« nennt.

Ein schwarzer Ledermokassin mit glattem Vorderblatt.

Ein Mokasssin aus grauem Tweed mit Lederbesatz und Ristspange.

Ein »Wannabe« aus rotbraunem Leder im Krokolederlook mit großer Silberschnalle. Die ersten »Wannabes« brachte Cox 1992 heraus.

Ein brauner Ledermokassin mit zweitöniger Ristspange.

Catskill Mountain Moccasins

Mark Goldfarb, Gründer und Direktor von Catskill Mountain Moccasins, lebt in einem Blockhaus in Woodstock, New York. 1993 verkaufte sein eigenes Geschäft, um zusammen mit seiner Frau Diane seine Schuhe weltweit bei Fachmessen und auf Musikfestivals anbieten zu können. Die Herstellung von Mokassins erlaubt beiden heute zu leben, wo es ihnen gefällt. Seit 1994 entstehen in seinem Betrieb 1000 bis 1200 Paar Mokassins pro Monat, wodurch er etwa zwei Millionen Dollar im Jahr umsetzt.

Goldfarb plant, in den Großhandel einzusteigen und seine Schuhe im Internet anzubieten. Seine Herstellungsart erweist sich dabei jedoch als hinderlich, denn er arbeitet zeitaufwändig nach dem individuellen Fußabdruck des Kunden. »Wenn man mir sagt, machen Sie mir einen Schuh Größe 48, dann weiß ich nicht, was das bedeuten soll«, sagte Goldfarb einmal. Dennoch wächst das Unternehmen ständig.

Vier Mokassins mit Karreekappen von Emma Hope (*oben*). Sie sind aus braunem Samt, rotem und braunem Krokodilleder sowie auberginefarbenem Wildleder.

ropäischen Rennwagenfahrer, brachte der Italiener 1979 seine J.-P.-Tod-Serie auf den Markt. Die für beide Geschlechter gleichen Mokassins haben kleine Gumminoppen auf den Sohlen. Die leichten, extrem biegsamen und sehr komfortablen Schuhe gibt es inzwischen in 150 Varianten und in über 100 Farben.

Bootsschuhe

1996 bekam der Bootsschuh von den amerikanischen Firmen Sebago und Sperry ein neues Outfit. Sie lösten sich vom traditionellen Braun und ersetzten es durch weißes und schwarzes glänzendes Glattleder. So wurde aus dem Bootsschuh ein tragbarer Straßenschuh. Der begeisterte Segler Paul Sperry brachte auch ein Modell mit Ledersohle – statt der sonst üblichen Gummisohle – heraus, behielt aber die typischen geriffelten Furchen bei, sodass der Schuh auch auf schlüpfrigen nassen Planken Halt findet.

Der unbestrittene König des Loafers der 90er Jahre ist der Londoner Designer Patrick Cox mit seiner »Wannabe«-Serie. Cox übertrieb die charakteristischen Züge des Loafers, indem er die Seitenteile etwas höher und das Vorderblatt etwas breiter machte sowie die Lasche des Vorderblattes höher über den Spann zog. Es entstand eine etwas plumpere Version des Loafers, der nun auch einen breiten Schichtabsatz erhielt. Das Blatt wurde entweder direkt mit bunten Streifen oder auch mal dem Union

MODE AUF WEICHEN SCHUHEN

Naturfarbene Ledermokassins mit Lederschnürriemen im Stil von Bootsschuhen (*oben*); hergestellt von Dooney & Bourke.

Jack dekoriert oder es erhielt Verzierungen in Form von unterschiedlichen Ristspangen oder Quasten.

In Amerika, der Heimat des Mokassins, hat die Tradition Bestand. Florsheim stellt klassische Loafer und Mokassins her. Ein Juwel in Florsheims Kollektion ist der Yuma – ein Mokassin, der sich auf ein indianisches Original stützt. Die Firma Catskill Mountain Moccasins produziert tief ausgeschnittene Mokassins, das Paar zu 650 Mark. Für 7000 Mark bekommt man reich dekorierte Mokassinstiefel, die mit Knöpfen und/oder Gillieschnürung verschlossen werden. Das Mutterhaus steht in Woodstock, New York.

Obwohl sie auf zahlreiche traditionelle indianische Techniken zurückgreifen, sind die Sohlen der Catskill-Mokassins reinstes Hightech. Man kann sie mit Polyurethansohle, aufgeschäumten Laufsohlen oder spikelosen Golfschuhsohlen erwerben. Es gibt sie mit Schaffellinnensohle oder mit Oberleder von amerikanischen Büffeln, Rindern oder skandinavischen Elchen. Die Mokassins werden nach Maß angefertigt.

Mokassins aus dunkelbraunem Leder mit Karreekappe, Ristspange und Fersenschlaufe von Joan & David.

Links: Drei Mokassins mit extremer Karreespitze aus dünnem leichtem Leder mit goldfarbener Ristspange; entworfen von Katherine Hamnett.

Unten: Pumps mit geradem hohem Absatz im Mokassinstil. Entworfen von Katherine Hamnett; hergestellt in London.

Unten: Drei Wildledermokassins vom Typ »Hush Puppies«, für Männer und Frauen entworfen. Der Schuh unten hat das Hush-Puppie-Logo als Ristspange, die anderen beiden haben Quasten als Verzierung.

9

Stiefel

Ursprünglich war der Stiefel ein funktionales Schuhwerk, das den Fuß beim Marschieren im Freien schützen sollte. Im Laufe der Zeit entwickelte er sich jedoch zu einem Modeartikel, der ganz andere Zwecke erfüllte als die, für die er ersonnen war. Grundsätzlich ist der Stiefel ein Schuh mit einem Schaft, der mindestens bis zum Knöchel reicht, oft bis zur Wade oder zum Knie und gelegentlich auch über das Knie hinaus bis zum Oberschenkel geht. Die Geschichte des Stiefels ist eng mit der des Militärs verknüpft und kann bis zu den Römern zurückverfolgt werden. Als die römischen Soldaten in Gallien und später Britannien einmarschierten, mussten sie unter der *Caliga* genannten Sandale wärmende Beinlinge aus Wildleder tragen, woraus später die Idee zu einem geschlossenen Stiefel erwuchs. Heute sind Stiefel zwar nach wie vor ein praktisches Schuhwerk, aber sehr oft auch modisches Accessoire. Als hochhackigen Fetischstiefel findet man ihn in einschlägigen Etablissements; auch Punker und Skinheads identifizieren sich über ihre Stiefel.

Oben: Die mit floralen Motiven bestickten Stiefel aus der Zeit um 1880 stammen aus der Werkstatt des französischen Schuhmachers François Pinet. Sie haben den nach ihm benannten Absatz und wurden, da sie gern beim Gang in die Oper getragen wurden, »Opernstiefel« genannt. *Rechts:* Der aus den 90er Jahren stammende Catboot ist ein fester Herrenhalbstiefel mit schwerer Stollensohle.

104

STIEFEL

ZUM MARSCHIEREN GEMACHT

Während einer Expedition nach Mexiko im Jahr 1916, stehen amerikanische Soldaten winkend auf dem Kuhfänger einer Lokomotive. Die kniehohen Stiefel, die Cowboys, Kavallerieoffiziere und Infanteristen jener Zeit trugen, sollten später zu Kultobjekten werden.

Moderne Soldatenstiefel sind eine höchst praktische Fußbekleidung. Sie halten nicht nur Matsch und Dreck ab, sie schützen den Fuß auch vor Verletzungen und Infektionen. Allerdings dauerte es eine Zeit, bis sich der Soldatenstiefel zu dieser Perfektion hin entwickelt hatte. Noch zur Zeit Ludwigs XIII. – er regierte Frankreich von 1610 bis 1642 – trugen Reiter, Jäger und auch Soldaten Stiefel, die aus weichem Leder waren und sich wie Strümpfe an das Bein anschmiegten. Es bedurfte der Hilfe eines speziellen Kammerdieners – Stiefelknecht genannt –, um diese Stiefel, die bis zum Schenkel reichten, anzuziehen. Erst später kamen harte gerade Lederröhren mit Fußteil und einer mehr oder weniger großen Stulpe auf. Diese schützte zwar die Knie, doch bei Regen lief sie voll Wasser, was sehr unangenehm sein konnte und weshalb man die Stulpe später wieder abschaffte.

Gutes Schuhwerk konnte sogar über den Ausgang einer Schlacht entscheiden. Weil der Herzog von Wellington bei der Schlacht bei Waterloo seinen Soldaten ein besseres Schuhwerk als Napoleon verordnete, wurde dieser Stiefel zu Ehren des Siegers Wellington-Stiefel genannt. Heute meint man mit »Wellingtons« die schlichten wasserdichten Gummistiefel, die erst im 20. Jahrhundert hergestellt wurden.

Von den Soldatenstiefeln zu unterscheiden sind die Arbeitsstiefel. Je nach Gebiet, in dem sie eingesetzt werden, müssen sie entweder besonders fest sein, wie etwa die Stiefel der Arbeiter in den Kohlenminen, oder besonders hoch und wasserdicht, wie beispielsweise die Stiefel für Angler.

Der Reitstiefel

Der feine Herr des frühen 19. Jahrhunderts brauchte in der Stadt keinen stabilen Laufstiefel, da er zu Pferde ritt. An seinem Stiefel hatte er einen Absatz, damit er nicht vom Steigbügel abrutschen konnte. Die Reitstiefel reichten bis zum Knie und schützten so die Wade davor, sich an der Flanke des Pferdes zu reiben. Weiches Leder gab dem Reiter besseren Kontakt mit dem Pferd und dadurch eine bessere Kontrolle über sein Tier. Große Stiefel schützten den Reiter auch vor aufspritzendem Straßendreck und vor Witterungseinflüssen. Vom Beginn des 16. Jahrhunderts an bis zum Ersten Weltkrieg waren Reitstiefel überall in Europa ein Statussymbol. Im 17. Jahrhundert waren die Reitstiefel der Aristokratie aus weichem Leder gefertigt und meist

Links: Diese amerikanischen Herrenstiefeletten stammen aus der Zeit um 1915. Sie haben eine Rahmensohle; die Einzelteile des Oberleders sind mit Stoffpaspelierung eingefasst.

Rechts: Die Seite aus einem amerikanischen Versandkatalog bietet wadenhohe wetterfeste Schnürstiefel aus verschiedenen imprägnierten Ledern für Männer und Jugendliche an.

106

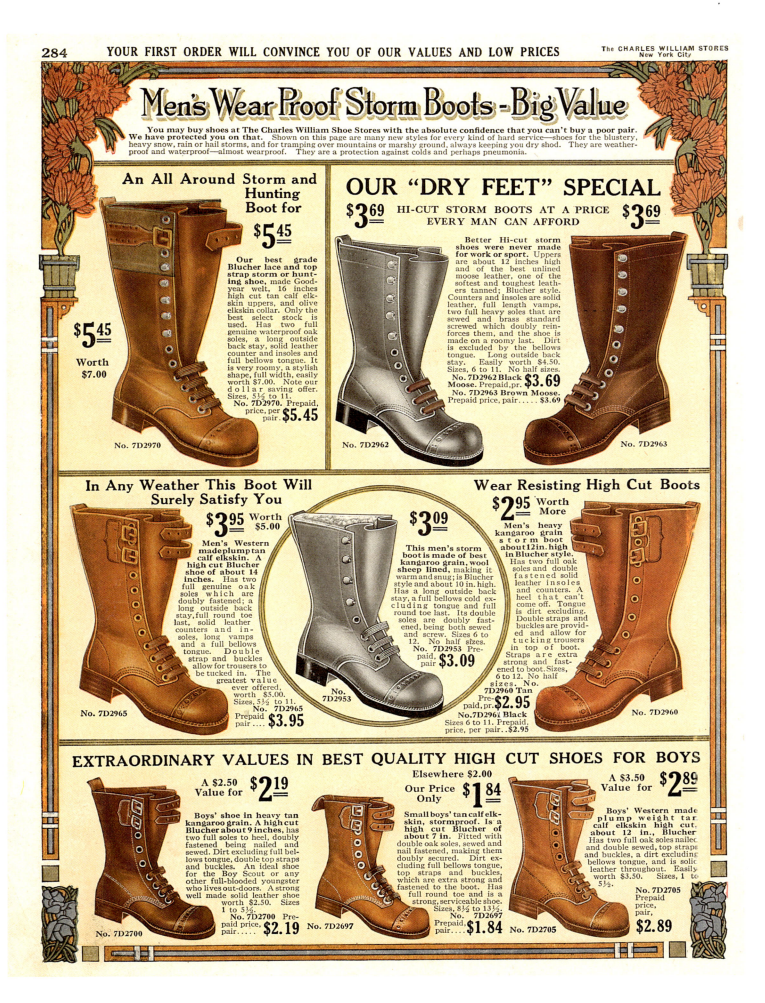

STIEFEL

Seite 108/109: Eine bunte Auswahl reich verzierter wadenhoher Cowboystiefel, die in den USA von Countrymusikern getragen wurden.

El Presidente

Cowboystiefel sind in Amerika so beliebt, dass sie sogar ihren Weg ins Weiße Haus gefunden haben. Als Harry Truman sich ein Paar bei Tony Lama in El Paso, Texas, bestellte, nannte der Stiefelmacher seinen Entwurf »El Presidente«. Dwight D. Eisenhower und Lyndon Johnson, beide Texaner, trugen ebenso wie Jimmy Carter und Ronald Reagan regelmäßig Cowboystiefel.

rundum reich verziert. Es gab Stiefel mit Stulpen, die über das Knie reichten, aber auch solche mit umgeschlagenen Stulpen, die das meist andersfarbige Innenleder des Stiefels sichtbar machten. Hier findet sich der Ursprung für die abgesetzten Oberkanten, die man bei modernen Reitstiefeln gelegentlich beobachten kann.

Gewachste Lederstiefel von robusterer Machart waren praktischer als ihre Vorgänger. Männer, die ihres Berufes wegen viel reiten mussten, wie etwa Kuriere und Postillone, trugen besonders feste Stiefel. Ab Mitte des 19. Jahrhunderts verlor der Stiefel im Alltagsleben an Bedeutung; man fuhr zunehmend in der Kutsche und auch in der Stadt ging man mehr zu Fuß anstatt zu reiten. Nur in der Armee blieb der Stiefel wichtig. Während des Ersten Weltkriegs trugen britische Offiziere wadenbedeckende Reitstiefel, während den Soldaten knöchelhohe Schnürstiefel vorbehalten waren.

Der Cowboystiefel

Der Cowboy des frühen 19. Jahrhunderts trug jedes Schuhwerk, das er bekommen konnte. Eine Weile gingen die Viehhirten dazu über, die Stiefel der Armeesoldaten zu übernehmen, doch sie merkten schnell, dass die Stiefel der mexikanischen Cowboys, die Vaqueros, zum Reiten besser geeignet waren. Ihr Fußteil saß sehr eng an und gab den Reitern eine bessere Kontrolle im Sattel. Auch der etwas höhere, schräge Blockabsatz, der sich gegen den Steigbügel hakte, machte aus dem Stiefel einen exzellenten Reitstiefel; zum Laufen allerdings war er nicht sehr bequem.

Nach dem Bürgerkrieg trugen die Cowboys gern hohe Stiefel mit flachem Absatz aus hartem schwarzem Leder. Oft waren die Hersteller dieser Stiefel deutsche Ein-

ZUM MARSCHIEREN GEMACHT

Cowboy-Exotika

Ruth Roland, die Königin der Westernfilme der Stummfilmzeit, besaß ein Paar Stiefel mit Bogenkanten, deren Schäfte mit dem *Fleur de lis*, dem Lilienmotiv der französischen Heraldik, und mit kleinen Blumen verziert waren. Sie stammten aus der Werkstatt von C. H. Hyer & Sons, aus Olathe, Kansas, in deren Katalog von 1925 sich auch ein Paar Stiefel mit großen Adlern mit ausgebreiteten Schwingen auf den Schäften fand. In ihren Krallen hielten sie Schilde in Rot, Weiß und Blau; über den Köpfen der Adler waren jeweils drei Sterne appliziert.

Die Vorliebe für immer exotischere Cowboystiefel kam Mitte der 50er Jahre zu einem vorläufigen Höhepunkt. Der Gipfel der Kunst war 1955 erreicht, als *The Cattleman*, ein einschlägiges amerikanisches Magazin, folgenden Bericht veröffentlichte:

»Im letzten Sommer kam ein Kunde in das Juweliergeschäft von John Furback jr. in Amarillo, Texas, um sich silberne Gürtelschnallen zeigen zu lassen. Mit kundigem Auge betrachtete der Juwelier die gravierten Silberplatten auf den Kappen und am Absatz der Stiefel. Auf den silbernen Beschlägen der Vorderkappen saß jeweils ein Zwei-Karat-Diamant.

›Sir‹, bat John Furback jr. den Fremden, ›dürfte ich bitte auch die Schäfte Ihrer Stiefel sehen?‹

Bereitwillig krempelte der Mann seine Hosenbeine hoch. Mitten auf dem Schaftende der Stiefel aus feinem Korduanleder war mit purem Goldfaden das Emblem des Staates Texas mit dem weißen Stern eingestickt.«

wanderer, die sich die nordeuropäischen Reitstiefel zum Vorbild nahmen. Der beliebteste war der Coffeyville Boot, der in Coffeyville in Kansas hergestellt wurde. In ihm waren Elemente der U.S.-Kavalleriestiefel und des Wellingtonstiefels vereint. Um 1870 hatten sich Stiefel mit hohen Absätzen durchgesetzt, die man *Saddle dandies* nannte. Die Absätze wurden bis zu 10 cm hoch, die Außenkante der Absätze verjüngte sich zur Sohle hin, sodass die Lauffläche des Absatzes sehr klein war. Drover, Stovepipe und Cattleman waren beliebte Modelle. Die Schäfte dieser Stiefel waren mindestens 35 cm hoch, doch viele reichten auch bis zum Oberschenkel.

Bis 1900 waren die Cowboystiefel schlicht. 1903 sah man erstmals einen Stiefel mit einer gesteppten Ziernaht über dem Vorderblatt und dann auch applizierte Muster aus ausgeschnittenem Leder, meist Sterne, die rundum auf dem Umschlag am oberen Stiefelschaft saßen.

Stiefel für den Film

Die ersten Cowboyfilme wurden in den Staaten des Ostens gedreht. Für die übertriebenen Kostüme stützte man sich auf Illustrationen in Groschenromanen und Comicstrips sowie auf die Cowboyshows der Vaudeville-Künstler wie Buffalo Bill. Schauspieler wie Billy Anderson oder Edwin S. Porter, Star des Films *Der erste große Eisenbahnraub* von 1903, trugen riesengroße Halstücher und schwere, mit Metall beschlagene Stiefel mit großen Sporen.

Um 1914 zog die Filmindustrie nach Kalifornien um und stellte nun echte Cowboys als Statisten ein, die ihre eigene Kleidung trugen. Da diese aber recht langweilig aussah, sstopften die Cowboydarsteller ihre Hosenbeine in die Stiefel, um wenigstens die bestickten Stulpen der Stiefel herzuzeigen. Tom Mix, der größte Cowboystar der 20er Jahre, trug als Erster das schwer bestickte Cowboyhemd und die dazu passenden bestickten und mit Leder applizierten Stiefel. 1923 eröffnete der italienische Schuhdesigner Salvatore Ferragamo seine Werkstatt in Hollywood. Cecil B. DeMille wurde auf ihn aufmerksam, nachdem er die Stiefel für einen Western geliefert hatte.

109

STIEFEL

Rechts: Aus der Winterkollektion 1992/93 stammt dieser von Stefania entworfene, einem Cowboystiefel nachempfundene Stiefel aus verschiedenfarbigem Wildleder. Der Stiefel hat einen konischen Blockabsatz.

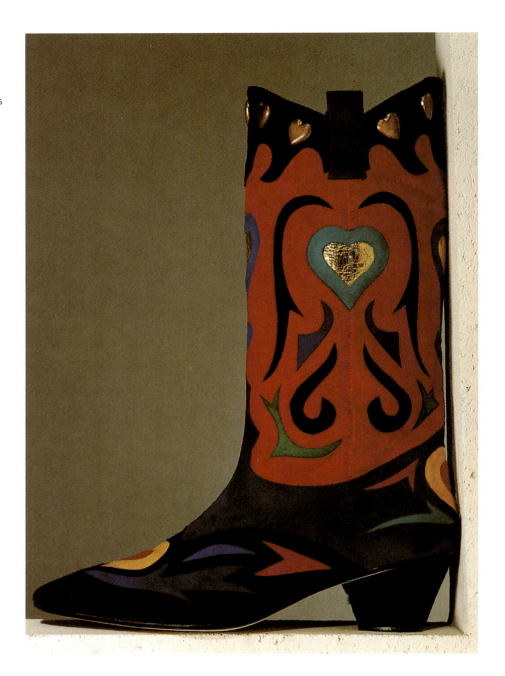

Oben: Zwei prägnant dekorierte wadenhohe Cowboystiefel. Um sie möglichst auffällig zu gestalten, hat sich der Hersteller für grelle Farben bzw. dominierende Muster entschieden.

In den 20er Jahren war der alte »Wilde Westen« längst tot, als 1926 die Dude Ranchers' Association gegründet wurde, die den Stadtbewohnern »Ferien auf der Ranch« vermittelte. In den 30er Jahren bot die Firma C. H. Hyer & Sons aus Olanthe, Kansas, Stiefel mit eingelegten Mustern in Leder an. Zu den Motiven gehörten Stierköpfe, Sterne, Halbmonde, Würfel, Diamanten, Initialen, Brandzeichen, Herzen und Schmetterlinge. Im Zuge dieses Wettstreits wurden die Stiefel der Filmstars nun sehr kitschig.

In den 30er und 40er Jahren begannen die Stiefelmacher sich mit immer bunteren Verzierungen zu übertrumpfen. Sie dekorierten ihre Stiefel mit Stickereien und bunten Ledermotiven, darunter Spielkarten, Ölbohrtürme, Spinnennetze, Säulenkakteen und bockende Wildpferde. Überall im Westen eröffneten Stiefelmacher ihre Werkstätten und verkauften ihre Stiefel für Männer, Frauen und Kinder direkt im angeschlossenen Laden oder über Versandkataloge.

Auch auf Europa griff die Begeisterung für Cowboystiefel über. Der Pariser Couturier Jacques Fath, der 1949 Texas besuchte, bestellte dort komplette Cowboyanzüge für sich und seine Frau. Im darauf folgenden Sommer veranstaltete er in seinem Schloß einen Squaredance und stellte dabei seine Interpretation des Cowboystils in seiner Kollektion vom August 1950 vor.

In den 60er Jahren, als im Südwesten der USA ein wirtschaftlicher Aufschwung herrschte, erfuhr der Cowboymythos eine gewisse Veränderung. Konservative Texaner trugen zu ihren Brooks-Brothers-Anzügen eher nüchterne Stiefel, und anstelle von bunten Applizierungen zog man nun exquisite Leder wie Haihaut, Straußenleder, Eidechsen- oder Schlangenhaut vor.

Stadtmode

Die Frauen betraten das 20. Jahrhundert in Stiefeletten, die schon seit dem Biedermeier der Modeschuh der Frauen gewesen waren. Während die Frauen der Arbeiterklasse knöchelhohe Stiefeletten trugen, die vorn fest geschnürt wurden und im Allgemeinen aus haltbarem Leder gefertigt waren, zeigten sich die Damen der feinen Gesellschaft in luxuriösen weichen Stiefeln aus Ziegenleder. Eine besonders beliebte Art von Stiefelette hatte einen Schuh aus schwarzem Lack und einen Schaft aus schwarzem oder auch andersfarbigem, häufig gemustertem Stoff. Brokat, Samt oder auch Antilopenleder wurden von extravaganten Damen zu festlichen Anlässen gewählt. Die Stiefeletten hatten kleine Absätze – entweder geschwungene »Pfeifenköpfe« oder auch gerade Absätze. Neben den Schnürstiefeletten wurden auch seitlich geknöpfte Bottinen getragen. Es gab sie ganz aus Ziegenleder oder als Einsatzstiefel in einer Kombination aus Leder und Stoff. Vor allem aber kamen auch praktische und dennoch sehr elegante Elastique-Bottinen auf, die einen keilförmigen Einsatz aus gummidurchwebtem Elastikstoff besaßen. Dieser ermöglichte es, sowohl auf die Schnürung als auch die Knöpfung – für die man unbedingt einen Stiefelknöpfer benötigte – zu verzichten.

Viele der Stiefeletten wurden von Männern wie Frauen gleichermaßen getragen. Besonders beliebt war die Einsatzstiefelette aus Leder mit einem gamaschenähnlichen Oberteil aus Stoff. In England nannte man diese Art Stiefelette »Balmoral«. Fotografien zeigen Winston Churchill, der zwischen 1908 und 1916 Balmorals mit Stoffeinsatz und zwischen 1913 bis 1929 solche mit Ledereinsatz trug. Ein anderer prominenter Träger dieser Einsatzstiefeletten war Charles Chaplin, der sie aus schwarzem Lackleder mit beigefarbenem Stoff bevorzugte. Später ersetzte man den Einsatz durch Gamaschen mit Steg, die man zu Halbschuhen anlegte. Die Gamaschen waren aus Hopsack oder Boxcloth, aus Wollstoffen also, die leichter zu reinigen waren als der fest mit dem Schuh verbundene Stoff.

Zu Beginn des 20. Jahrhunderts trugen Männer auch hohe Derbystiefel, die vorn geschnürt wurden. Sie ähnelten den Frauenstiefeletten der Zeit und hielten sich bis in die 30er Jahre. Die Elastique-Bottinen dagegen kamen in den 20er Jahren aus der Mode.

Oben: Zwei Paar Damenschnürstiefeletten mit hohem Absatz aus dem frühen 20. Jahrhundert. Ganz oben ein Paar amerikanische Einsatzstiefel aus Leder und Stoff von 1914. Das untere Paar mit der extrem langen Spitze ist aus Glaceeleder gefertigt. Es stammt aus Kanada aus dem Jahr 1917.

Eine Einsatz-Knopfstiefelette aus der typischen Kombination von Leder und Stoff, wie sie um die Jahrhundertwende beliebt war. Da Königin Viktoria und ihr Gatte Prinz Albert Schuhe dieser Art auf ihrem schottischen Schloss Balmoral trugen, nannte man sie in Großbritannien kurz »Balmorals«.

STIEFEL

Rechts: Sehr eng an die Beinform angepasst sind diese 1915 in England hergestellten Stiefel mit hohem Absatz und geschwungener Abschlusskante. Für die vielen Knöpfe brauchte man ein spezielles – Stiefelknöpfer genanntes –, mit einem Haken versehenes Hilfsgerät.

Oben: Geknöpft bis zum Knie werden diese hochhackigen, eng am Bein anliegenden roten Lederstiefel. Reich mit Goldmustern verziert, wurden sie um die Jahrhundertwende als Maßarbeit hergestellt.

Russische Stiefel

Die Damenknöpfstiefeletten und -stiefel wurden in Großbritannien von den so genannten russischen Stiefeln verdrängt. Sie besaßen oben eine gerade Abschlusskante im Gegensatz zum geschweiften Abschluss der Vorgänger; die spitze Kappe und den Botine-Absatz behielten sie allerdings bei. 1921 waren diese Stiefel eine Sensation; im Dezember 1925 berichtete der *Footwear Organizer*, ein Fachblatt für Schuhmacher: »Eine außerordentlich große Nachfrage nach russischen Stiefeln hat das ganze Land ergriffen. Im Mai 1921 sah man ihn zum ersten Mal ... jeden Winter ein paar mehr.« 1927 berichtete dasselbe Fachblatt, dass der elegantere Typ des kniehohen Stiefels eng am Bein anliege und einen Reißverschluss habe. Die britische Firma Dunlop brachte einen russischen Stiefel aus Gummi heraus. Er war braun, hatte eine spitze Kappe und einen 4 cm hohen Blockabsatz. Aber diese »Wellingtons«, wie sie in England hießen, schienen nur für Gärtner geeignet und für Leute, die gern bei Wind und Wetter über die Felder stapften.

Während der 30er Jahre wurden Stiefel als Fußbekleidung für Zivilisten kaum gesehen. Von 1930 bis in die Mitte der 50er Jahre hinein assoziierte man Stiefel mit Faschismus, Nazis und Krieg. Stiefel waren für Soldaten reserviert; höchstens beim Pferdesport konnte man es sich leisten, in Stiefeln aufzutreten.

Ein kniehoher, gerader schlichter Stiefel aus Schlangenleder mit hohem Absatz. Der 1926 bei Bally hergestellte Stiefel hat hinten einen Reißverschluss.

Rechts: Weiße Lederstiefeletten mit seitlichem Knopfverschluss, wie er seit dem späten 19. Jahrhundert bis in die 1920er Jahre beliebt war. Dieses Paar wurde 1916 bei der kanadischen Firma Queen Alexandra Shoes hergestellt und hat die in Nordamerika besonders geschätzte rund aufgewölbte Vorderkappe.

Zwei gänzlich unterschiedliche Paar französischer Stiefel. Zu den blauen Stiefeln mit der weißen Stulpe (*links außen*) ließ sich André Perugia 1925 von russischen Vorbildern anregen. Die roten Abendstiefel, 1920 bei Greco hergestellt, sind dagegen von griechisch-römischen Sandalen inspiriert.

In den späten 50er Jahren freilich kam der Stiefel langsam wieder zu Ehren. Im Winter war eine gefütterte Stiefelette einfach wärmer und angenehmer als ein Halbschuh mit dicker Socke, und mit einem kleinen Absatz und Pelzbesatz am Rand sahen die Stiefeletten auch sehr viel schicker aus.

Mit Beginn der 60er Jahre begann sich das Modekarussell schneller zu drehen, besonders in Großbritannien, von wo aus die Minimode ihren Ausgang nehmen sollte. Zunächst kam von hier der Chelsea-Stiefel, der – ein Rückgriff auf alte Zeiten – Seiteneinsätze aus elastischem Material hatte. Dadurch lag er sehr eng an und benötigte keinen Reißverschluss. Varianten dieses Stiefels hatten keine Einsätze, sondern einen Schaft aus elastischem Plastikmaterial.

Die »Swinging Sixties«

Die Mode der »Swinging Sixties« machte zunächst Anleihen an die Vergangenheit. Doch bald entwickelte sich ein eigenständiger neuer Stil. Der zunächst mit runder Kappe vorgestellte knöchelhohe Chelsea kam nun mit extremer Spitze daher, was ihm in England den Spitznamen »*Winklepicker*« einbrachte – ein Stiefel, der spitz genug war, um damit Strandschnecken (*winkles*) auszugraben. Daneben gab es den Chelsea mit Karreespitze oder mit Blockabsätzen. Kaum waren die Beatles damit

Die schwarzen, reich mit Strass besetzten Schnürstiefel aus weichem Ziegenleder stammen aus den USA. In den 30er Jahren trug man sie zum neuen Modetanz, dem Tango.

Zweifarbige Schnürstiefelette mit bestickter Vorderkappe und einem Schaft im Flechtlook. Diese Stiefeletten wurden in England in den frühen 20er Jahren hergestellt und entsprachen ganz dem Stil des Art déco.

Ein typisches Modell der 60er Jahre ist dieser bei Bally hergestellte spitz zulaufende Stiefel mit einem Schaft aus rotem Samt und einem Schuh aus schwarzem Kalbsleder.

1964 in Amerika aufgetreten, setzte sich ihre Stiefelette dort als *Beatle Boot* durch. Da sich der Stöckelschuh in den 50er Jahren bereits seinen Platz in der Mode erobert hatte, erschien nun der hohe Bleistiftabsatz auch an Damenstiefeln. Doch der Trend hielt nicht lange, denn ein neuer Wind wehte durch die Modewelt.

Der Go-Go-Stiefel

Zum Markenzeichen der 60er Jahre wurde der so genannte Go-Go-Stiefel. Dabei handelte es sich um eine flache, meist glänzende, zunächst nur knöchelhohe Stiefelette aus weichem Kunststoff. Am beliebtesten war die Stiefelette in Weiß, doch es gab sie auch in Schwarz und in der Kombination beider Farben. Während Mary Quant zu ihren kurzen Hängerkleidchen die an Kinderschuhe erinnernden flachen Spangenschuhe oder auch Sandalen kombinierte, befand man in Paris den Stiefel als ideale Ergänzung zum Minilook.

Der Couturier André Courrèges hatte den Stil kreiert. Seine 1964 vorgestellten knapp wadenlangen Go-Go-Stiefel waren aus weißem Lackleder und hatten am oberen Schaftrand ein zwei Zentimeter hoch eingeschnittenes Fenster, gegen das von innen durchsichtiges Plastik gesetzt war. Die ausgeschnittenen Streifen waren nach vorn genommen und dort zur Schleife gebunden.

Dieser Prototyp von Courrèges wurde in allen Formen und Spielarten abgewandelt, und auch Courrèges selbst stellte eine Reihe von Varianten vor. Manche wurden

Zwei hochhackige Stiefeletten des italienischen Designers Salvatore Ferragamo. Das Modell oben wurde aus schwarzem Wildleder hergestellt. Eigenwillig ist sein Rhinozeroshorn auf dem Blatt. Das Modell links fasziniert durch seinen Goldbrokat; es ist als Abendschuh gedacht.

um die Knöchel mit Klettverschluss geschlossen, andere hatten ausgeschnittene Kappen oder freie Fersen oder auch mit durchsichtigem Plastik ausgefüllte Seitenteile. Wichtig waren der flache Absatz und die geometrische Schnittform.

Während die Röcke immer kürzer wurden, stiegen die Schäfte der Stiefel immer höher. Schließlich trug man zu extrem kurzen Röcken und Hotpants Stiefel mit bis zum Oberschenkel reichendem Schaft, wobei der Schaft möglichst eng wie ein Strumpf am Bein anlag.

Gegen Ende der 60er Jahre erlebten Schnürstiefel eine kurze Renaissance, als der lange Maxirock antrat, um den Mini zu verdrängen. Doch für den Go-Go-Stiefel, den es jetzt auch in edlen weichen Ledern mit Reißverschluss und aus Silberglacee gab, waren diese Schnürstiefel keine Konkurrenz.

Als in den 70er Jahren die Plateausohle ein Comeback erlebte, hob sich auch der Go-Go-Stiefel um etwa 5 cm vom Boden ab. Stars des Glamour-Rock – unter ihnen Elton John, Gary Glitter, David Bowie und die Gruppe Slade – ließen es sich nicht nehmen, bei ihren Auftritten ihre 10 bis 15 cm hohen goldenen oder silbernen Glitzerstiefel zu tragen.

Mitte der 70er Jahre war Europa von der Ölkrise betroffen. In Deutschland herrschte zeitweilig auf den Autobahnen ein Sonntagsfahrverbot und weltweit war die Rezession spürbar. Auch in der Mode wurde man deshalb nüchterner und die Stiefel kehrten wieder auf den Boden der Tatsachen zurück. In der Jugend entwickelte sich

Den Stiefeln der Jahrhundertwende nachempfunden ist dieser zweitönig in Beige und Creme gehaltene wadenhohe Knöpfstiefel von Bruno Magli aus den 50er Jahren.

Eine Stiefelette mit kleinem Bleistiftabsatz und sehr spitzer Kappe aus cremefarbenem Kalbsleder und seitlichem Reißverschluss von Bally, 1962 (*rechts*).

Rechts: Diese an einen Schnürstiefel erinnernde Stiefelette aus Wildleder und Lack hat einen Bleistiftabsatz und eine entsprechend spitze Kappe. Sie wurde 1961 von Bally hergestellt.

Oben: Eine Stiefelette aus weißem Satin mit einer Vorderkappe aus silberfarbenem Ziegenleder und einem sehr kleinen erhöhten Absatz. Solche Stiefeletten waren in den späten 50ern und in den 60er Jahren bei Teenagern beliebt.

STIEFEL

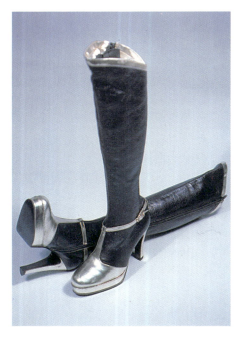

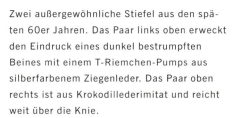

Zwei außergewöhnliche Stiefel aus den späten 60er Jahren. Das Paar links oben erweckt den Eindruck eines dunkel bestrumpften Beines mit einem T-Riemchen-Pumps aus silberfarbenem Ziegenleder. Das Paar oben rechts ist aus Krokodillederimitat und reicht weit über die Knie.

die Subkultur der Punks, und die englische Designerin Vivienne Westwood gehörte zu der Ersten, die den Trend für ihre Mode aufgriffen. In ihrer *Sex* genannten Boutique in London verkaufte sie klobige schwarze Punkerstiefel, die mit ihren Metallkappen, Nieten und Reißverschlüssen einen militanten Eindruck vermittelten.

Der Doc Marten, auch »Doc« genannt, der ursprünglich als gesunder, praktischer, solider Lauf- und Arbeitsschuh gedacht war, wurde in den 80er Jahren zum Modeschuh. 1947 erstmals in Deutschland hergestellt, entdeckten in den 70er Jahren zunächst britische Skinheads und Neofaschisten den wuchtigen schweren Halbstiefel für sich, aber schon bald war er überall in Europa ein Kultschuh. In den 80er Jahren gelang dem Doc Marten der Sprung auf den Laufsteg und in die Seiten der internationalen Modemagazine. Mitte der 90er Jahre schließlich erschien sogar der echte Doc Marten – in moderaterer Form und abgemildert durch poppige Farben.

Stiefel der Ökobewegung

Die amerikanische Antwort auf die »Docs« hieß Timberland. Der Timberland-Stiefel war die Idee von Herman und Sidney Swartz, den Söhnen von Nathan Swartz, dem die Abington Shoe Company in Newmarket, New Hampshire, gehörte. Die Firma stellte in den 50er Jahren Arbeitsschuhe für Fremdfirmen her und geriet in den 70er Jahren, als diese Firmen ihre Schuhe in asiatischen Billiglohnländern produzieren ließen, in finanzielle Schwierigkeiten. Um das Unternehmen vor der Pleite zu retten, entschlossen sich die Brüder Swartz, ein eigenes Produkt auf den Markt zu bringen.

Amerika schwelgte zu diesem Zeitpunkt in einer Nostalgiewelle: Man sehnte sich zurück nach den alten Pioniertagen; damit verbunden war auch ein wachsendes Interesse an Umweltfragen. Da man mit den soliden Timberland-Stiefeln bestens wandern konnte und sich allerorten junge Leute für die Natur und ihre Erhaltung einzu-

Links: Ein »Motorradstiefel« aus schwarzem Leder von The Boot Store, U. K. Dieser schlichte stabile Stiefel ist mit seinen zwei Schnallen und der soliden Verarbeitung ganz auf Zweckmäßigkeit ausgerichtet. Dasselbe gilt für den Schnürhalbstiefel aus naturfarbenem Nubukleder von Timberland (*rechts*) mit seiner stark strukturierten Sohle und seinem gepolsterten Knöchelbund.

setzen begannen, kamen ihnen diese Schuhe gerade recht. In den späten 80er Jahren und in den frühen 90ern waren sie geradezu ein modisches Bekenntnis. Im Gegensatz zu den schweren martialischen Springerstiefeln aus schwarzem Leder haben diese aus naturfarbenem Leder hergestellten Schnürstiefel mit ihren hellen Ledersohlen nichts Aggressives an sich. Der Timberland ist der Stiefel des Naturfreundes, ein Stiefel der »Ökogeneration«.

Für den Alltag kamen in den 90er Jahren minimalistische schwarze Nylonstiefel in Mode. Sie waren sehr schlicht und nur knöchelhoch. In der Mitte der Dekade belebte Vivienne Westwood den Go-Go-Stiefel der 60er Jahre wieder, präsentierte ihn aber in auffälligen grellen Farben. Bis 1997 fand man kniehohe Stiefel mit Plateausohlen, die zuletzt um 1975 en vogue waren, in jedem Schuhladen.

Motorradstiefel

In den Jahren zwischen 1850 und 1950 galt in Amerika der Cowboy als Inbegriff des freien Menschen. Seinen Platz nahm dann allerdings der Motorradfahrer oder »Biker« ein. In dem Film *Der Wilde* trug Marlon Brando 1954 schwere flache Motorradstiefel. Wie die Westernhelden vor ihm hatte auch er die Hosenbeine seiner Jeans aufgekrempelt, sodass man das obere Ende seiner Stiefel bewundern konnte. Diese Stiefel waren zu den Wurzeln ihrer Funktionalität zurückgekehrt. Sie waren hoch genug, um die Knöchel des Fahrers vor der Hitze des Motors und des Auspuffrohrs zu schützen, und sie hatten dicke Sohlen zum Schutz des Fußes, der in schnittigen Kurven oft den Boden berührte. Brandos Stiefel hatten nur eine einzige kleine Verzierung: einen Riemen mit Schnalle über dem Spann, der eigentümlicherweise an die Riemen erinnerte, mit denen man früher die Sporen zu befestigen pflegte.

Dieser Riemen tauchte auch an Peter Fondas Stiefeln wieder auf, die er 1969 im Kultfilm *Easy Rider* trug. Doch Fonda trug Cowboystiefel mit Blockabsatz, um an den Pedalen seiner Harley Davidson festen Halt zu haben. Unter dem Einfluss der neuen Mode, die von Großbritannien ausging, versuchten viele Hersteller, sich dem neuen Stil anzugleichen. Eine Firma produzierte sogar einen Cowboystiefel aus Nylon mit Paisleymuster. Dennoch waren die 60er Jahre eine schlechte Zeit für Cowboystiefel.

Am Spann höher als an der Ferse waren die so genannten Hosenstiefeletten der 60er Jahre. Hier ein Paar mit auffälliger Schnalle und Karreespitze von Mary Quant; hergestellt 1966.

Rechts: Stiefel mit hohen Plateausohlen und hohen Absätzen überrollten die Modewelt in den 70er Jahren. Männer wie Frauen trugen sie. Das reich applizierte Paar wurde 1973 bei der kanadischen Firma Master John hergestellt.

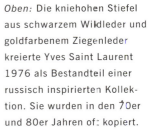

Oben: Die kniehohen Stiefel aus schwarzem Wildleder und goldfarbenem Ziegenleder kreierte Yves Saint Laurent 1976 als Bestandteil einer russisch inspirierten Kollektion. Sie wurden in den 70er und 80er Jahren oft kopiert.

DESIGNERPROFIL

Dr. Martens

Vom bekanntesten Stiefel aller Zeiten, dem Doc Martens mit seiner Luftpolstersohle, wurden weltweit Millionen von Paaren verkauft. Der inzwischen zum »Kultstiefel« avancierte Schuh verkauft sich noch immer.

Dr. Klaus Maertens, der Erfinder der Doc-Marten-Stiefel, 1960.

Ein Doc Marten ist unverwüstlich; weder Öl noch Säure noch Benzin können der Sohle etwas anhaben. Vielleicht ist dies ein Grund, weshalb der Schuh zum Symbol für jugendliche Rebellion und zur bevorzugten Fußbekleidung von Rockern wurde.

Der klassische Doc Marten – ein schwarzer Lederhalbstiefel mit einer durch 16 Ösen führenden Schnürung und einer luftgepolsterten Sohle – begann sein Dasein als orthopädischer Stiefel.

Das Konzept der patentierten Sohlen wurde während des Zweiten Weltkriegs in einem Dorf bei München entwickelt, und zwar vom Ingenieur Dr. Herbert Funk und seinem Freund Dr. Klaus Maertens, der sich bei einem Skiunfall den Fuß verletzt hatte und nach einen bequemen Schuh suchte. Mehr als ein Jahrzehnt lang wurden Schuhe mit dieser Sohle für einen kleinen, hoch spezialisierten orthopädischen Markt hergestellt. In den späten 50er Jahren versuchte Maertens seine Idee zu kommerzialisieren und nahm deshalb Gespräche mit der britischen Firma R. Griggs & Co auf. Griggs hatte als Dorfschuhmacher in Northamptonshire, England, um die Jahrhundertwende begonnen und später eine florierende Werkstatt für Militär- und Arbeitsstiefel aufgebaut. Zunehmende Konkurrenz zwang den Betrieb in den 50er Jahren, sich nach anderen Möglichkeiten umzusehen. Das Angebot des deutschen Arztes, dessen Luftpolstersohle eine Neuheit war, kam ihm deshalb sehr gelegen. Griggs glich den Namen seines Partners der englischen Sprache an und stellte am 1. 4. 1960 den ersten Doc Martens her. Dem Datum entsprechend erhielt er den Namen »1460«. Das Geschäft lief von Anfang an glänzend – und das in einer Zeit, in der der Bedarf an Militärstiefeln durch die Verringerung der Streitkräfte ständig sank. In den 70er Jahren etablierte sich der Schuh als Fußbekleidung der Rockmusiker, der Punks und anderer Subkulturen der Jugend. Den Angaben von Griggs zufolge waren es zuerst die Jugendgruppen, die den Schuh entdeckten; erst danach begann die Firma, ihre Verkaufsstrategien auf diese Schiene auszurichten. Dr. Martens versah die Schuhe mit einem leicht militärischen Image, um diejenigen unter den modebewussten jungen

118

Links: Die Werbeanzeige für die Doc Martens verdeutlicht die Besonderheiten und Vorzüge der Stiefel mit der neuartigen Luftpolstersohle.

Rechts: Eine andere Werbeanzeige macht deutlich, welche Wirkung die Erfindung der Luftpolstersohle im Wunschdenken des Herstellers hat.

Kunden anzusprechen, die einen Hang zum Rebellisch-Aggressiven hatten. Heute wird die Marke in über 70 Ländern der Erde verkauft; pro Jahr werden rund elf Millionen Paar hergestellt. Das Original »DM 1460« mit seinen acht Ösen auf jeder Seite sowie der Halbschuh mit den drei Ösen gelten als Schuhwerk von Modebewussten, die wissen, wo es langgeht. Heute umfasst die Palette der Firma auch Sandalen, Brogues, Loafers und Kinderschuhe; außerdem gibt es den Doc Martens auch in vielen bunten Farben.

Die besondere Sohle der »Docs« lässt sich leicht an einer Reihe von typischen Merkmalen erkennen: Die Z-Rahmen-Schuhe haben eine Rahmenvernähung mit gelbem Faden, und rund um die zweitönige Sohle laufen parallele Rillen wie auf einer Vinylschallplatte.

Die Marke ist international vor Plagiaten geschützt, offenbar so gut, dass bis heute kein anderer Hersteller versucht hat, das Design der »Doc Martens« zu kopieren.

Der klassische Doc Marten mit Luftpolstersohle, gelb abgestepptem Rahmen, versteifter runder Kappe und der bis zum Knöchel reichenden Schnürung mit acht Ösen.

119

STIEFEL

Rückkehr in den Westen

Erst 1975 wurden Cowboystiefel wieder modern. Die New Yorker Modefotografin Juli Buie, eine geborene Texanerin, setzte sie bei ihren Fotosessions ein und trug sie auch selbst. Sie brachte einige Dutzend Paar aus Texas mit und verkaufte sie an ihre Freunde. 1977 veranstaltete Buie damit eine Modenschau im Lone Star Cafe in der Fifth Avenue. Buie nahm die 50er-Jahre-Stiefel aus Texas auch als Inspiration für eigene Entwürfe und begann exotische, dekorative Cowboystiefel zu entwerfen: lavendelfarbene Stiefel mit roten Kappen und in Beige eingelegten Diamantformen; schwarze Kalbslederstiefel mit weißen Ornamentierungen an Fersen und Zehenkappen; rote Kalbslederstiefel mit riesigen applizierten rot-schwarzen Schmetterlingen; und Stiefel in Moosgrün und Senfgelb mit ornamentierten Fersenkappen in Lavendel.

Julie Buie verkaufte diese farbenfrohe Kollektion in einem Laden namens *Texas*, der sich im zweiten Stock eines Gebäudes in Manhattans Upper East Side befand. Ihre Kunden waren vor allem japanische Geschäftsleute und Investmentberater aus der Wall Street.

Links: Ein Halbstiefel mit engem Schaft aus schwarzem Lackleder von Magli, 1996. Der schlichte Stiefel hat eine Zierspange über dem Rist, einen mittelhohen Absatz und eine Karreespitze.

Oben: Die spitzen kniehohen Stiefel aus schwarzem Lackleder wurden von Gucci entworfen und in den USA hergestellt.

Rechts: Ein nostalgischer Entwurf von Joan & David von 1997 ist dieser Schnürstiefel aus mahagonifarbenem Kalbsleder mit hohem Absatz. Im Stil eines Derby geschnitten hat er gezackte Ziernähte mit typischem Broguemuster.

ZUM MARSCHIEREN GEMACHT

Links: Die weite Stiefelette mit geradem hohem Absatz aus schimmerndem Satin ist ein Entwurf von Joan & David aus dem Jahr 1997. Sie erhielt den Namen »Think brown« – Denke braun. Jüngst auf den Markt gekommene Stretchstoffe haben den Stiefeln zu neuem Tragekomfort verholfen.

Oben: Eine Plateaustiefelette von Terry de Havilland aus silberfarbenem Leder mit Reißverschluss. Das Kreismuster des Satinfutters wiederholt sich auf dem Bezug der Sohle.

Links: Fetischstiefelette aus schwarzem Gummi mit markanten Spikes, Reißverschluss, Plateausohle und hohem Absatz.

Rechts: Dieser kniehohe Stiefel in orangefarbenem Leder mit dunkelrotem Ferseneinsatz, hohem Absatz und mäßiger Karreespitze ist ein Entwurf von Bruno Magli, 1997.

Oben: Schnürhalbstiefel im Mokassinlook aus genarbtem Leder von Dooney und Bourke, 1997.

Eine elegante zweifarbige Stadtstiefelette aus Wildleder mit hohem Absatz und Seitenreißverschluss von Magli, 1997. Man trägt sie zu mittellangen Röcken oder Hosen.

Der Cowboystiefel boomte plötzlich wieder. 1982 wurden 17 Millionen Cowboystiefel in den USA hergestellt. Die wenigsten – wenn überhaupt irgendwelche – wurden von Cowboys gekauft. Bis 1985 war der New Yorker Markt mehr als gesättigt, und Juli Buie zog mit ihrem Geschäft nach Aspen, Colorado, um. In den späten 80er Jahren sanken die Verkaufszahlen auf etwa 8 Millionen Paar pro Jahr, doch bis 1990 kletterten sie wieder auf etwa 12 Millionen Paar jährlich.

In den 90er Jahren erschienen Cowboystiefel erstmals auf den Seiten von *Vogue* und *Harper's Bazaar*. Elizabeth Taylor trug ein Paar bei ihrer letzten Hochzeit, und Couturiers wie Jean Paul Gaultier, Alexander Julian, Georges Marciano und Ralph Lauren nahmen sie in ihre Kollektionen. All diese Stiefel wurden zu Ikonen der Mode – mit einer ganz und gar eigenen Stilrichtung.

121

10

Funktionalität und Kultstatus

Das Schicksal mancher Schuhe besteht oft darin, als praktischer Fußschutz erdacht worden zu sein und als modisches Accessoire oder Statussymbol zu enden. Ein markantes Beispiel dafür sind Sport- oder Tennisschuhe, die von vielen Leuten getragen werden, die damit niemals joggen oder auf dem Court stehen. In seinem Buch *Der nackte Affe* zeigt Desmond Morris auf, dass einander ablösende Männermoden ihren Anfang häufig bei der Sportkleidung nehmen. Ein Mann könne seinen Status zur Schau stellen, wenn er Sportkleidung trägt, während andere Männer lieber konventionellere Kleidung anlegen. Sowohl der Zylinder als auch der Bowler wurden ursprünglich bei der Fuchsjagd getragen, ebenso der Frack. Im 18. und 19. Jahrhundert hatte die Reitkleidung einen großen Einfluss auf die Mode. Heute beeinflussen Trainingsanzüge das Alltagsschuhwerk. Andere Schuhe haben Erfolg, weil sie ausgefallen sind und bisweilen sogar skandalös wirken. Die Nachfrage nach solchen Schuhen wird irgendwann so groß, dass sie sogar Kultstatus erlangen.

Oben: Das Glamouröse und das Funktionale – Sandaletten aus Vinyl, in den 50er Jahren von Edouards in New York für Joan Crawford hergestellt. Durchsichtige Materialien, die den Fuß sichtbar machen, waren damals ein gewagter Vorstoß. *Rechts:* Die Trainingsschuhe sind für den Sport gedacht, werden aber auch als Freizeitschuhe getragen.

122

Bis über die Knöchel reichende Basketballschuhe gibt es schon seit vielen Jahrzehnten; sie wurden sowohl beim Sport als auch in der Freizeit getragen. Die Werbeanzeige weist auf eine entscheidende Verbesserung – die luftdurchlässige Sohle – hin. Der Schuh »atmet bei jedem Schritt«.

Extravagante amerikanische Bowlingschuhe aus rotem, schwarzem und weißem Leder. Schuhe dieser Art wurden nur im Haus getragen; ihre Sohlen hinterließen auf den Bowlingbahnen keine Spuren.

EIN GEFÜHL DES SCHWEBENS

Das 20. Jahrhundert erlebte einen rasanten Aufstieg des Sportschuhs. Der Trend setzte bereits im 19. Jahrhundert ein, als der Turn- und Gymnastikschuh mit weicher Gummisohle erfunden wurde. Voraussetzung war die Entdeckung, dass Kautschuk – ein klebriger Pflanzensaft, der bei 0 °C noch hart ist, aber bereits bei 40 °C sehr weich wird – durch die Verbindung mit Schwefel elastisch bleibt. Dieses Verfahren, das Charles Goodyear sich 1844 patentieren ließ, nennt man Vulkanisieren. 1832 hatte sich auch Wait Webster ein Verfahren patentieren lassen, durch das die damals noch ziemlich unzureichenden Gummisohlen an Schuhen und Stiefeln befestigt werden konnten. Um 1860 wurde eine Croquet-Sandale vermarktet, die eine Sohle aus vulkanisiertem Kautschuk und ein Oberteil aus Segeltuch besaß. Da man auf den Gummisohlen fast lautlos gehen konnte, bekamen solche Schuhe in den USA den Spitznamen »Sneakers« – nach einem Verb, das sowohl »schleichen« als auch »stibitzen« bedeutet. In Großbritannien entwickelte die New Liverpool Rubber Company einen Sportschuh, der ebenfalls aus Gummisohle und Segeltuch bestand.

Um die Jahrhundertwende trugen in Amerika vor allem Kinder die Sportschuhe mit den weichen Gummisohlen, doch als sich in den 20er Jahren Tennis zu einem Breitensport entwickelte, zogen auch Erwachsene den Sportschuh an. In den 30er Jahren überrollte die erste Gesundheits- und Fitnesswelle die Vereinigten Staaten, und die »Sneakers« wurden nun überall bei Sport- und Freizeitaktivitäten gesehen.

Ein so gut aussehender Schuh wie dieser amerikanische Converse-All-Star-Basketballschuh erfreute sich nicht nur bei den Spielern größter Beliebtheit. Da Ex-Basketballer Chuck Taylor Werbung für sie machte, wurden sie auch »Chucks« genannt.

Der »Waffle« von Nike; entworfen 1994. Der Schuh hat eine im Waffelmuster geriffelte Sohle.

In den 50er Jahren war der Turnschuh in Amerika ein Symbol jugendlicher Rebellion. Der Filmstar James Dean trug sie nicht nur auf der Leinwand, sondern auch privat, und zahllose Teenager und Twens folgten seinem Beispiel. In Deutschland hielt sich die Verknüpfung von Jeans und Turnschuh als Protest gegen Konventionen und das Establishment noch sehr viel länger.

Die All-Star-Sneakers

Die amerikanische Firma All Star brachte 1917 ihre ersten bis zum Knöchel reichenden Basketballschuhe heraus. Diese »All Stars« wurden in North Carolina von der Firma Converse hergestellt, aber zunächst wenig beachtet. Der erste Spieler, der sie den Basketballfans bekannt machte, war Chuck Taylor, der bei den Buffalo Germans und den Akron Firestones spielte. Er war auf Jobsuche, als er 1921 in das Chicagoer Verkaufsbüro von Converse kam. Mit seiner Überzeugungskraft und seiner Liebe zum Basketball schien Taylor wie geschaffen, für All Star Reklame zu machen.

Einmal von der Firma engagiert, brachte er den All Star auf die Straße. Er fuhr quer durch Amerika, besuchte kleine Städte, führte in Schulen und Colleges Basketballkurse durch und verkaufte dabei die Schuhe, indem er all ihre Vorzüge wortreich pries. Taylor selbst sorgte dafür, dass der original All Star verändert und verbessert wurde. Die Sohle wurde rutschfester und etwas kompakter gemacht, um den Spielern besseren Halt auf dem Spielfeld zu geben. Auch wurde die Knöchelstütze verstärkt. Bis 1923 war Taylors Name so eng mit dem All Star verknüpft, dass der Schuh den Spitznamen »Chucks« erhielt; auf der Gumminoppe über dem Knöchel erschien sogar seine Unterschrift. Es war das erste Mal, dass ein von einem Spieler signierter Sportschuh auf den Markt kam. 1936 wurde der Converse All Star der offizielle Schuh des US-Basketball-Teams.

In den 50er Jahren entwickelte sich der All Star zum Modeartikel. Mick Jagger trug ihn bei seiner Eheschließung mit Bianca, und Woody Allen begleitete Betty Ford in einem Paar All Stars ins Ballett. 1963 machte der Künstler Claes Oldenburg den All Star mit seiner Pop-Art-Skulptur *Giant Gym Shoe* unsterblich.

In den späten 60er Jahren trugen kalifornische Surfer einen unterhalb des Knöchels abschließenden schwarzen All Star, und in den 80er Jahren, als es »Chucks« in mehr als 50 Farben gab, war es in New York Mode, am rechten Fuß eine andere Farbe zu tragen als am linken. 1982 wurden »Chucks« durch Sean Penns Film *Ich glaub', ich steh' im Wald* zum Modehit bei Surfern und Skatern an der Westküste. Seither gibt es sie in rund 200 Varianten, darunter auch in Schweinsleder, Cordsamt, schwarzem Samt und Wildleder.

Über 500 Millionen Paar All Stars wurden bis Ende 1997 verkauft. Die Hälfte der 10 Millionen Paar, die jedes Jahr bei Converse's Lumberton in North Carolina hergestellt werden, gelangen in den Welthandel.

Fortsetzung auf Seite 128

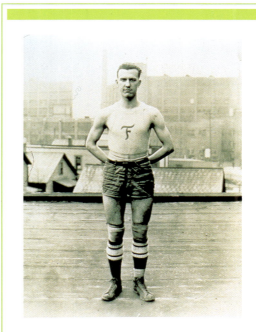

Krieg der Laufschuhe

Bei der Olympiade von 1996 in Atlanta, USA, erreichte der Kampf der Sportschuhhersteller ihren Höhepunkt. Reebok war offizieller Sportschuhlieferant der Olympiade, doch auch andere Firmen starteten massive Werbekampagnen.

Nike versuchte, sein Logo vor der Weltöffentlichkeit ins rechte Licht zu rücken. Das ACOG – Atlanta Committee for the Olympic Games – konnte sich mit diesem Vorgehen nicht einverstanden erklären und zwang Nike, sein Logo von Trainings- und Sportanzügen zu entfernen.

TRAININGSSCHUHE

Der »Green Flash«-Turnschuh von Dunlop (*links*) war in den 70er und frühen 80er Jahren ein beliebter Schuh beim Schulsport. Mitte der 90er erlebte er ein Comeback.

Oben: Laufschuhe wie dieser schwarzgelbe Campus von Adidas waren in den 70er und 80er Jahren modern.

Trainingsschuhe

Trainings- und Sportschuhe sind heute eine Frage der Technologie. Die Hersteller liegen in einem harten Wettstreit darum, wer das ansprechendste Hightech-Design herausbringt, denn die Schuhe werden weniger zum Sport als vielmehr auf der Straße getragen. Das Label des Herstellers ist den jungen Trägern dabei ebenso wichtig wie Innovation in puncto Ausstattung.

Ein Fila-Trainingsschuh aus der Kollektion von 1997. Er besteht aus Stoff mit Lederbesatz und einer handgefertigten Sohle. Schuhe wie diese werden von Produktentwicklern entworfen, die zuvor genaue Daten über Zweck und Zielgruppe erheben und erst dann die Materialien aussuchen und über das Design entscheiden.

Obwohl der Trend, Tennisschuhe als Straßenschuhe zu tragen, seinen Ausgang offenbar in den USA genommen hat, gibt es Modemacher, die diesen Anspruch gern für Großbritannien erheben. Dafür verantwortlich soll eine Bewegung sein, die in den britischen Fußballstadien der 70er Jahre ihren Ausgang nahm.

In der Fußballsaison 1978/79 trugen dort in Liverpool Tausende von den Trend bestimmenden Fans so genannte Adidas-Sambas. Als dann Puma mit dem Argentina und dem Menotti herauskam, stiegen die Fans rasch auf diese Schuhe über. Sowohl die Adidas-Sportschuhe als auch die Tennis-, Jogging- und Fußballschuhe von Puma wurden in Deutschland hergestellt und waren zu jener Zeit in Großbritannien nicht im Handel zu haben. Bei Spielen in internationalen Wettbewerben hatten die Fans jedoch Gelegenheit, sich mit diesen Sportschuhen auf dem europäischen Kontinent einzudecken.

Kluge Köpfe unter den Händlern kamen schnell auf die Idee, die gefragten Schuhe zu importieren, und so wurden die britischen Fußballfans zum Vorreiter einer Modebewegung, die es chic fand, auch auf der Straße Sportschuhe zu tragen. Selbst Mick Jagger und David Bowie trugen sie 1985 in ihrem Videoclip zu *Dancing in the Street*. Und auf diese Weise soll der Kult-Tennisschuh seinen Weg nach Amerika gefunden haben.

Diese Geschichte mag durchaus einen Wahrheitsgehalt haben, denn viele Schuhmoden haben an den Füßen großer Pop- oder Filmstars ihren Weg über den Atlantik gefunden, und das in beide Richtungen. Allerdings gab es auch noch einen anderen Einflussfaktor – und das ist die Firma Nike. Die Wurzeln dieses amerikanischen Unternehmens reichen in das Jahr 1967 zurück, als der Mitbegründer

Bill Bowerman den Marathonlaufschuh entwickelte.

Das erste unter dem Markennamen »Nike« vorgestellte Modell war ein Fußballschuh aus dem Jahr 1971 – benannt nach der geflügelten Siegesgöttin der alten Griechen. Im selben Jahr kam auch der erste Nike-Tennisschuh mit seiner berühmten, im Waffelmuster geriffelten Sohle heraus, die beste Bodenhaftung gab. Bowerman hatte den Prototyp der Sohlen in seiner heimischen Küche entwickelt, indem er Gummi in einem Waffeleisen erhitzte.

Der amerikanische Läufer Steve Profontaine war 1973 der erste bedeutende Langstreckenläufer, der Nikes trug; der Olympiaathlet Jon Anderson sowie der Tennisspieler Ilie Nastase taten es ihm unverzüglich gleich. Im nächsten Jahr gewann Tennisstar Jimmy Connors Wimbledon und die U. S. Open – beide in Nike-Tennisschuhen. Nike vergrößerte sich, und 1978 unterschrieb ein anderer Spitzenspieler, John McEnroe, einen Werbevertrag.

Noch viel wichtiger für den Sportschuhfan auf den amerikanischen Straßen war jedoch der Nike-Air-Basketballschuh, der »Air Force 1«. 1985 unterschrieb Michael Jordan bei Nike und hob den gefeierten »Air Jordan« aus der Taufe.

»Spitfire« aus der Fila-Kollektion von 1997 (*oben*). Der Trackschuh ist zu einem beliebten Straßenschuh geworden, der beweist, dass gutes Aussehen eine Rolle spielt.

Inzwischen waren auch Adidas und Puma in den US-Markt eingedrungen. Der Schauspieler Eddie Murphy trug Adidas-Trainer in *Beverly Hills Cop – Ich lös' den Fall auf jeden Fall*; Puma-Schuhe sah man an den Füßen der Tänzer des Broadway-Musicals *A Chorus Line*. Auch Fila aus Italien stieß nun in den Markt vor. Reebok, durch die Aerobicwelle zur Trendmarke geworden, vermarktete seine Tennisschuhe als reine Modeartikel. 1996 produzierte die Firma den Nobok, einen Aerobicschuh, der als reiner Straßenschuh gedacht war.

Inzwischen hat der Tennisschuh längst anderes Schuhwerk beeinflusst. Einige Hersteller haben die typische Sohle beibehalten und darüber eine Sandale konstruiert; andere bieten Wander- und Campingschuhe im Stil von Turnschuhen an.

Links: Der rot-weiße Puma-Turnschuh aus Wildleder gilt als Vorläufer der heute beliebten sportlichen Straßenschuhe.

127

FUNKTIONALITÄT UND KULTSTATUS

Klassisch schlichte Schuhe von Roots, Kanada. 1980 hergestellt, gehörten sie zu den ersten, für die mit ökologischen Argumenten Werbung gemacht wurde. Seither vermarkten viele Firmen ihre Schuhe mit dem Hinweis auf eine umweltbewusste Verarbeitung.

Elton Johns Pinball-Wizard-Stiefel

In dem 1975 gedrehten Film *Tommy*, der auf das 1969 eingespielte Konzeptalbum der Gruppe The Who basiert, spielte Elton John den Pinball Wizard. Regisseur Ken Russel wollte ihn dafür in überdimensional große Stiefel vom Typ Doc Marten stecken. Elton John sagte unter der Bedingung zu, dass er die übergroßen Stiefel später behalten dürfe.

Als Elton John seine Rock-Erinnerungsstücke 1988 bei Sotheby's versteigerte, kaufte der damalige Direktor der Firma Dr. Marten diese Stiefel.

1989 von Dr. Martens hergestellte »Union-Jack-Schuhe«. Sie gab es in vielen Varianten, die spielerisch mit dem originellen Design umgingen.

Schuhe für den Laufsport

In den 20er Jahren begannen Adolf Dassler und sein Bruder Rudolf in Deutschland mit der Produktion von Schuhen für den Laufsport. Bis zur Olympiade 1936 in Berlin waren sie die führenden Hersteller auf ihrem Gebiet. Ihre Schuhe hatten zur Stütze des Fußes seitlich über das Blatt laufende Lederstreifen. Diese Streifen gaben den Schuhen mehr Festigkeit. Der erste Schuh mit drei Streifen – der Prototyp des heutigen Laufschuhs – kam 1949 auf. Doch dann trennten sich die Dassler-Brüder, und die Firma spaltete sich. Adolf, kurz Adi genannt, gründete die Firma Adidas, während Rudolf die Firma Puma aufbaute. Beide Firmen sind seither Konkurrenten.

Auch die 1895 in Bolton, Lancashire, gegründete Firma Reebok begann mit der Herstellung von Schuhen für den Laufsport. Sie fertigte zwar schon die Schuhe an, die Lord Burghley bei der Olympiade 1924 trug, hatte aber weltweit erst Anfang der 80er Jahre Erfolg, als sie speziell für Frauen entworfene Trainingsschuhe herstellte.

Der Doc-Marten-Kult

Der Kultschuh der 70er Jahre war der Doc Marten. Dr. Klaus Maertens aus München fertigte 1945, nachdem er sich bei einem Skiunfall den Fuß gebrochen hatte, für sich selbst einen Stiefel mit einer luftgepolsterten Sohle. 1947 begann er mit der kommerziellen Herstellung dieses überaus bequemen, zum Laufen und Wandern geeigneten Schuhs. 1960 konnte Maertens den britischen Schuhfabrikanten Bill Griggs zu einer Zusammenarbeit bewegen, und man stellte nun in Northampton in England Arbeitsstiefel mit einer ähnlichen Sohle her. Dies war die Geburtsstunde des Doc Marten.

In Großbritannien wurden die »Docs« Bestandteil der Polizistenuniformen; sowohl Postbeamte als auch andere Leute im öffentlichen Dienst, die viel zu Fuß unterwegs waren, trugen sie. Später entdeckten die Skinheads diesen Schuh für sich, denn die »Docs« erwiesen sich als effiziente Waffen bei Straßenkämpfen. Rasch erwarben sich die schweren Stiefel ein aggressives Image. 1971 sah man sie an den Füßen der gewalttätigen Schläger in Stanley Kubricks Literaturverfilmung *Uhrwerk Orange*.

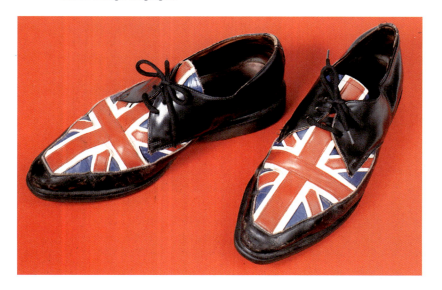

128

EIN GEFÜHL DES SCHWEBENS

Links: Diese blauen Wildlederschuhe gehen den »Blue Suede Shoes« voraus, die Elvis Presley in den 50er Jahren besang. Sie wurden 1948 in Deutschland hergestellt und haben eine Korksohle.

Der Stiefel wurde überraschend schnell zum Teil der uniformen Kleidung der internationalen Bewegung der Skinheads und anderer Neofaschisten. Doch das einseitige aggressive Image wich schon bald wegen neuer Zielgruppen. Homosexuelle trugen nun den Doc Marten – teilweise zu ihrem Schutz, teils aber auch als Geste der Selbstbehauptung, und auch Frauen erkannten das besondere Image der Schuhe. Zunächst waren es militante Feministinnen, die den Stiefel zu Jeans oder Latzhosen trugen. Doch als der »Doc« 1986 die Seiten der *Vogue* zierte, entdeckten auch die Girlies den Stiefel und kombinierten ihn zu Miniröcken. Auch im Krieg der Geschlechter waren die Doc Martens nun zu einer Waffe geworden.

Oben: Der Desert Boot des britischen Herstellers Clarks hat heute Kultstatus erreicht.

Der Desert Boot

Der schlichte naturfarbene Schnürstiefel der Firma Clarks war das modische Statement der Männer der frühen 60er Jahre. Mitte der 90er Jahre, als britische Popstars wie Liam Gallagher von der Gruppe Oasis, Jarvis Cocker von Pulp und der Ex-Style-Council-Musiker Paul Weller sich in ihnen sehen ließen, erreichten sie Kultstatus. Desert Boots, zu deutsch »Wüstenstiefel«, waren nach dem Vorbild der Stiefel geschaffen, die britische Offiziere während des Nordafrikafeldzugs im Zweiten Weltkrieg getragen hatten. Nick Clark von der britischen Schuhfabrik Clarks hatte sie 1948 auf dem Zivilmarkt eingeführt. Zu Beginn der 60er Jahre erlebten sie einen kurzen Modeboom, galten aber insgesamt als zu vorstädtisch und mittelständlerisch, um

Unten: Moderne Hush Puppes. Die zweifarbigen Schuhe in leuchtenden Farben können von Frauen und Männern getragen werden.

Links: Eine frühe Hush-Puppies-Werbung stellt den Leisetreter als Freizeitschuh vor und verbindet ihn mit dem liebenswerten Beagle, der zu seinem Markenzeichen wurde.

129

FUNKTIONALITÄT UND KULTSTATUS

1980 der letzte Schrei: braune Lederclogs mit Holzsohlen und einem Oberleder, das einen handgenähten Eindruck machte.

Essen Sie die Schuhe etwa?

In den umweltbewussten 90er Jahren gingen viele Vegetarier zu der noch strengeren Lebensweise der Veganer über, die die Nutzung aller tierischen Produkte, also auch Leder, strikt ablehnten. Spezialfirmen entwickelten Alternativen. So produzierte die Firma Mocatan Loafer Stiefeletten und Stiefel aus einem Stoff, der aussah wie Leder und Wildleder und der Haut zu atmen erlaubte. Unter den Kunden waren Julie Christie sowie Paul und Linda McCartney.

zum Kultschuh zu avancieren. Dennoch behaupteten die Clarks ihren Platz und hatten sich bis 1996 über 10 Millionen Mal verkauft.

In den 90er Jahren entdeckte Karl Lagerfeld die Desert Boots für sich, als er den Stil seines neuen Militärylooks durch zweifarbige Desert Boots etwas weicher machte. Manolo Blahnik stellte einen tabakfarbenen Desert Boot vor, während Nicole Farhi sie aus Ponyfellimitat herstellte. Inzwischen sind die Hersteller zu den Ursprüngen zurückgekehrt und stellen eine Reihe von Stiefeletten mit Karreespitze her, die sich an die robustere Form des so genannten Chukka Boots anlehnen, den die Polospieler in den 50er Jahren trugen.

Hush Puppies
Obwohl Hush Puppies sogleich extrem erfolgreich waren, als sie in den 50er Jahren eingeführt wurden, galten sie zu Beginn der 90er Jahre als langweilig und überholt. Clevere Werbekampagnen haben ihr Image aber wieder aufgewertet; als sie beispielsweise 1994 an den Füßen des filmischen Antihelden Forrest Gump erschienen,

Unten: Modische rote Stoffsandalen mit schwarzer Noppensohle von DKNY.

Das Spektrum der Kultsandalen reicht von der Birkenstock-Sandale (*oben*) bis zum Badeschuh (*unten*) von Diesel.

Links: Der Dr.-Scholl-Gesundheitsschuh war in den 60er und 70er Jahren beliebt. Er hatte eine der Fußform exakt angepasste Holzsohle und eine verstellbare Ristspange aus Leder.

130

EIN GEFÜHL DES SCHWEBENS

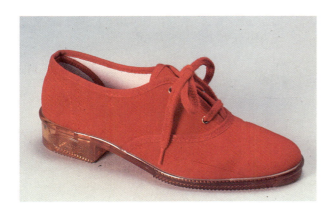

Dieser 1980 in Kanada hergestellte rote Halbschuh (man nannte ihn »Jazz Oxford«) hatte als Erster eine durchsichtige Plastiksohle.

führte das zu einem neuen Verkaufsboom. Der originelle Name »Hush Puppies« basiert auf einer amerikanischen Redensart: »Barking dogs« – bellende Hunde – nennt man umgangssprachlich wund gelaufene, schmerzende Füße. Wie beruhigte junge Hunde, wie *hushed puppies*, aber sollen sich die Füße fühlen, wenn man die weichen Velourslederschuhe trägt.

Die amerikanischen Modedesigner Anna Sui und Gene Meyer nahmen sich ihrer an, und bald erschienen sie an den Füßen von Sharon Stone und David Bowie. In den späten 90er Jahren trug sie sogar der Rockrebell Liam Gallagher von Oasis.

Ecco, der Retro-Kultschuh

Auch der Ecco, ein Straßenschuh der 70er Jahre, erlebte in den 90er Jahren ein Comeback als Kultschuh. Der original Ecco war ein einfacher schwarzer Lederhalbschuh mit Rahmen und deutlich sichtbarer Vernähung. Obwohl ursprünglich als solider und robuster Straßenschuh entworfen, wurde er doch vor allem in den USA als Büroschuh von Leuten in der Kreativbranche getragen. Das mochte darauf zurückzuführen sein, dass die dänische Firma, die den Schuh produzierte, kleine poetische Broschüren in den Schuhkarton legte, die das hinter dem Schuh stehende Konzept und die ihn umgebende Kultur erläuterten.

»Grüne« Schuhe für die 90er

In den 90er Jahren entwickelten immer mehr junge Menschen ein ausgeprägtes Umweltbewusstsein. Aus der traditionellen Wegwerfgesellschaft wurde allmählich eine Erhaltungsgesellschaft. Eine neue amerikanische Firma, die sich Deja Shoe nannte – ein Wortspiel mit dem französischen *déjà vu* (»schon einmal gesehen«) –, war die

Für die in Montreal abgehaltene Expo 67 hergestellte ungewöhnlich spitz zulaufende Turnschuhe mit der Aufschrift »Man and his World« (»Der Mensch und seine Welt«).

Start-rite

1792 gründete der englische Lederhändler James Smith eine Schuhfabrik, die heute als die älteste der Welt gilt. Zu Zeiten des Gründers vertrieb sie Damenschuhe, die von Schuhmachern in Heimarbeit hergestellt wurden. 1816 übernahm Charles Winter den Betrieb und führte aus Amerika Maschinen ein, mit denen die Oberleder genäht werden konnten. 1856 wurden weitere Maschinen angeschafft, mit denen nun auch die Sohlen an die Oberleder genäht werden konnten. 1865 kam die Fabrik an James Southall, in dessen Familienbesitz sie sich seitdem befindet.

Bis zum Ersten Weltkrieg fertigte die Firma nur Damenschuhe. Kurz danach begann sie mit der Herstellung der Kinderschuhe, für die sie heute berühmt ist. Zu Beginn des Zweiten Weltkriegs machten Kinderschuhe die Hälfte der Produktion aus; während des Krieges wurde dieser Anteil auf 83 Prozent gesteigert. Seither hat sich Start-rite ganz auf Kinderschuhe konzentriert; viele Kinder der westlichen Welt haben in Start-rite-Schuhen ihre ersten Schritte gemacht.

FUNKTIONALITÄT UND KULTSTATUS

erste Firma der Welt, die kommerziell Schuhe aus recycelten Materialien herstellte. Die Eco Sneaks und Envirolites genannten Schuhe wurden aus den unterschiedlichsten Abfallprodukten hergestellt. So benutzte man Schaumstoffe aus Autositzen zur Aufpolsterung der Laschen oder fertigte die Einlage zwischen Obermaterial und Futter aus recycelten Softdrinkflaschen aus Polyester. Das Futter selbst wurde aus wieder verwendetem Baumwolltuch gefertigt; für die Absatzversteifung verwendete man Abfallprodukte der Schuhindustrie.

Formel 1

Seit Jahrzehnten stellen Menschen in der Dritten Welt, besonders in Afrika, Sandalen aus alten Autoreifen her. Paul Dooner von der britischen Firma Dodge Footwear gab solchen Sandalen einen Hauch von Glamour, indem er die Formel-1-Serie entwickelte. Dooner kaufte abgefahrene Reifen der Grand-Prix-Rennen auf und stellte aus ihnen Sohlen für seine gepolsterten Segeltuchstiefel her.

Gesundheitskult

Im Zuge des politischen Aufwinds der Grünen seit den 60er Jahren erlebte auch die Birkenstock-Sandale mit ihren typischen Riemen und Schnallen einen mächtigen Auftrieb. Dieses Schuhwerk wird seit 1774 hergestellt. Die Birkenstock-Sandale hat eine geformte Innensohle, die aus einer Mischung aus Kork, Jute und Naturkautschuk besteht. Sie ist allen Konturen des Fußes angepasst, sodass die Zehen Bewegungsfreiheit haben, das Fußgewölbe gestützt wird und die Ferse in einer eigens dafür ausgebildeten Mulde ruht. Mit dieser Sandale ging weltweit eine Gesundheitswelle mit Rückbesinnung auf das von der Natur Gegebene einher.

Einen ähnlichen, wenn auch nicht ganz so großen Erfolg konnten die Holzpantinen von Dr. Scholl verbuchen, die in den 60er und 70er Jahren in Mode waren. Die flache Variante besaß eine ebenfalls den Konturen des Fußes angepasste Holzsohle mit

Oben: Diesen ungewöhnlich ausbalancierten Schuh, der kaum zum Tragen geeignet war, kreierte André Perugia Mitte der 60er Jahre.

Rechts: Eine absatzlose Sandalette. Halt gibt der Trägerin die kleine Sohlenverlängerung aus Stahl; auch die Sohle ist mit Stahl verstärkt.

Rechts: Beth Levine erfand 1955 den »Oben-ohne-Schuh«, der lediglich mit Haftpolstern an den Sohlen auskommt. Angeblich soll er am nackten Fuß gehalten haben; kommerziell war er kein Erfolg.

Links: Der pinkfarbene Slingpumps hat einen mit Goldbronze bemalten Holzabsatz in Form dreier gestapelter Kugeln.

Unten: Aus goldfarbenem Glaceeleder und Metall schuf André Perugia 1962 diese am Kubismus angelehnte Pantolette.

EIN GEFÜHL DES SCHWEBENS

Die transparenten Schuhe aus Vinyl mit zugehöriger Handtasche kreierte Herbert Levine 1972.

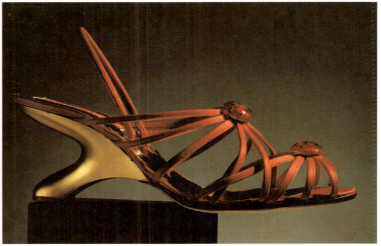

einem verstellbaren Riemen, der knapp oberhalb der Zehen über den Spann lief. Daneben gab es Varianten mit einer Holzsohle, die einen leichten Absatz aufwies; dadurch erhielt der Holzschuh eine etwas elegantere Form.

Schuhe, die provozieren

Zu den ausgefallensten Schuhen der letzten Jahrzehnte gehört ein Entwurf, den André Perugia 1950 als Hommage an das Maschinenzeitalter schuf. Der beigefarbene Wildlederpumps hat eine in Form der Zehen eingekerbte Kappe mit aufgesetzten Lederstücken, die die Zehennägel imitieren. Die schmückende Rosette besteht aus einem Zahnrad, als Absatz dient ein Stück verdrehter Stahl, der an eine Spiralnudel erinnert.

Andrea Pfister kreierte 1979 eine schwarze, flache Stiefelette, auf deren Außenseite er einen beigefarbenen Fingerhandschuh mit aufgeklebten roten Fingernägeln setzte. Gedacht war er als Hommage an den Varieteekünstler Al Jolson, der als Jazzsänger die Hauptrolle im ersten Tonfilm der Filmgeschichte spielte. Pierre Cardin trat 1986 in Perugias Fußstapfen, als er ein Paar Stiefel mit ausgeformten Zehen schuf, auf denen die Nägel aufgesetzt zu sein schienen. Inspirationsquelle dazu soll ihm ein Gemälde des Surrealisten René Magritte gewesen sein, das zwei wie Füße geformte Stiefel an einem Strand zeigt.

Frühe Versuche von Salvatore Ferragamo und anderen, so genannte »unsichtbare« Schuhe und Sandalen aus transparenten Kunststoffen zu lancieren, hatten wenig Erfolg. Die amerikanische Designerin Beth Levine kreierte ihren eigenwilligen »Obenohne-Schuh«. Er bestand nur aus einer Sohle mit einem hohen Pfennigabsatz. Haftpolster auf der Sohle hielten den »Schuh« fest am nackten Fuß.

Diese Sandalette, die durch ihre besondere Absatzkonstruktion besticht, wurde nach der italienischen Autorennstrecke »Monza« benannt. Die Riemchen sind aus kirschrotem Satin, die Zierknöpfe aus venezianischem Glas.

133

EIN JAHRHUNDERT DER SCHUHE
1900-2000

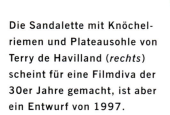

Schnürhalbschuhe aus schwarzem Leder mit gefranster Zierlasche von Joan & David, 90er Jahre. Herrenschuhe dieser Art wurden zunehmend auch von Frauen getragen.

Schuhe existieren nicht für sich, sie sind Teil einer allgemeinen Mode, und im 20. Jahrhundert hat sich die Mode von einem Jahrzehnt zum nächsten oftmals drastisch geändert. Die Rocksäume wanderten vom Bodenniveau bis zum Ansatz der Oberschenkel und nahmen jede Länge dazwischen ein. Unterwäsche war etwas, das man Anfang des Jahrhunderts sorgfältigst verbarg, doch es gab auch Zeiten, da durfte die Unterwäsche sichtbar hervorblitzen. Zeitweilig entledigten sich Frauen ihrer BHs und waren glücklich, durch die Erfindung der Strumpfhose endlich von Strapsen und Strümpfen befreit worden zu sein. Doch beides kam wieder und wurde genauso freudig begrüßt, wie es einst verabschiedet wurde.

Vor allem kamen im 20. Jahrhundert aber auch vollkommen neue Stoffe und Farben auf, möglich gemacht durch eine Industrie, die Kunststoffe und chemisch erzeugte Farben herstellte. Die Kleider selbst wurden zur Massenware und waren nicht mehr bloß Einzelanfertigungen für wenige Reiche; dennoch suchen die Betuchteren sich durch den Erwerb seltener exotischer Entwürfe von der Masse abzuheben.

Zu Beginn des Jahrhunderts unterlag die Mode einem strengen Reglement; es gab eine Kleiderordnung, an die Männer und Frauen sich zu halten hatten. Die Menschen kleideten sich der Gelegenheit entsprechend korrekt und es gab wenig Raum für individuelle Abweichungen. Wer sie dennoch

Die Sandalette mit Knöchelriemen und Plateausohle von Terry de Havilland (*rechts*) scheint für eine Filmdiva der 30er Jahre gemacht, ist aber ein Entwurf von 1997.

Johnny Moke ließ sich für diesen Slingpumps von 1997 vom Violettrosa leiten, das Elsa Schiaparelli in den 30er Jahren einführte; der markante Kugelabsatz erinnert an einen Pumps von Andrea Pfister, den er 1994 vorgestellt hatte.

EIN JAHRHUNDERT DER SCHUHE

wagte, musste mit gesellschaftlicher Ächtung rechnen. Die 90er Jahre zeigten sich weniger rigide: Die Menschen konnten sich bis zu einem gewissen Grad kleiden, wie es ihnen gefiel, und die Zahl der Stile in einer kleiner gewordenen Welt wurde nahezu unüberschaubar. Modenschauen sind zu einem Spektakel geworden, mehr ein Schaukasten für Ideen als eine Vorführung wirklich tragbarer Kleidung. Während manche Designer in die Zukunft blicken, in ein »New Age« genanntes Weltraumzeitalter, und eine utopische Zukunft anvisieren, wenden sich andere zurück zur Vergangenheit, um sich inspirieren zu lassen. Ein Stil braucht nur wenige Jahre aus der Mode gekommen zu sein, um als »Retro« wieder eingeführt werden zu können.

Die Schuhe sind ein ganz wichtiger Bestandteil dieser postmodernen Palette: Eine Frau kann heute Arbeiterstiefel zum Cocktailkleid tragen und ein Mann Tennisschuhe zu seinem Geschäftsanzug. Doch das gewählte Schuhwerk kann Bände sprechen, denn Tennisschuhe, Gucci-Slipper, Bleistiftabsätze, Plateausohlen und Keilabsätze sind jeweils Erinnerungen an die Zeit, in der sie erstmals vorgestellt wurden. Der Träger eines modernen Schuhs trägt immer auch ein Stück Geschichte an seinen Füßen.

Im Kampf der Designer um internationale Anerkennung zählt vor allem der individuelle Ausdruck. Hier eine innovative Pantolette mit »Sprungfederabsatz«.

Andrea Pfister nutzt die Palette klarer leuchtender Farben wie bei dieser Abendpantolette mit geradem hohem Absatz.

Dunkle Farben, wie Schwarz oder Braun, sind keiner Mode unterworfen, was diese 1997 entworfene Sandalette von Bruno Magli beweist.

Diese Seite aus dem Katalog der Charles William Stores, New York, bot Anfang des 20. Jahrhunderts bequeme Damenstiefeletten zum Schnüren und Knöpfen an – alle zum Preis von 2 Dollar und 19 Cents.

135

EIN JAHRHUNDERT DER SCHUHE –
DIE JAHRZEHNTE IM ÜBERBLICK

Das goldene Zeitalter

Um 1900 war noch die Mode des 18. Jahrhunderts en vogue. Vieles blieb bis zum Beginn des Ersten Weltkriegs unverändert.

Die Röcke waren knöchellang und die Schuhe der Frauen sah man selten. Auf der Straße wurden das ganze Jahr über Knöpf- oder Schnürstiefeletten getragen, wobei Einsatzstiefel, die aus einer Kombination von Leder und Stoff bestanden, vor allem im Sommer beliebt waren. Obwohl die hohe, bis zur Wade reichende Stiefelette bis in die 20er Jahre getragen wurde, gab es doch ab 1910 auch nur bis zum Knöchel reichende Stiefeletten. Sie alle hatten geschweifte oder gerade Blockabsätze von 5 bis 7 cm Höhe. Die Farben waren meist gedeckt, und Schwarz und Braun herrschten vor.

Pumps mit kleinen Absätzen kamen schon vor 1910 auf, setzten sich als Tagesschuh, damals Promenadenschuh genannt, aber nur langsam durch. Die Abendschuhe waren hoch geschnitten und wurden, zumal bei Tanzschuhen, mit einer Ristspange gehalten. Ausschnitte, die allzu viel Fuß sehen ließen, galten als unanständig. Lediglich der Boudoirschuh

1905
Ein mit Perlen verzierter Pumps aus braunem Ziegenleder mit einem für seine Zeit gewagten tiefen Ausschnitt am Seitenteil. Der Schuh war in der ersten Dekade des 20. Jahrhunderts sehr populär.

1904
Als sich die Rocksäume bis knapp zum Knöchel hoben, begannen kunstvoll bestickte Pumps mit mittelhohem geschwungenem Absatz die Stiefeletten zu verdrängen, die man bis dahin seit Jahrzehnten getragen hatte.

136

durfte etwas verführerischer sein; meist war er aus Satin oder Seide mit einer Tüllschleife.

Ganz allmählich kam diese Mode aus dem Boudoir auf die Straße. Abendschuhe wurden nun mit Pompons und Schleifen, mit Stickereien, Glasperlen und Strass verziert. Selbst die Metallschnallen an Laufschuhen wurden auffälliger und größer und oft waren sie mit allerlei Schmucksteinen besetzt.

Der Erste Weltkrieg stellte einen sehr tiefen Einschnitt dar. Alle waffenfähigen Männer wurden eingezogen und Frauen, die man vorher von der Berufstätigkeit möglichst fern zu halten versucht hatte, mussten nun zu Hause die Arbeit der Männer übernehmen. Die Arbeit in den Fabriken verhalf Frauen zu eigenem Geld, das sie nun auch für Schuhe und andere Modeartikel ausgeben konnten.

Mit dem Ersten Weltkrieg kam es in Deutschland zu einer Rückbesinnung auf alte Werte. Für kurze Zeit war die so genannte Kriegskrinoline – eine wadenlange Variante der alten Krinoline – wieder in Mode; dazu kam die Stiefelette wieder zu Ehren. Doch der Krieg, der den Frauen neue Freiheiten gebracht hatte, führte letztlich dazu, dass sie nach einem bequemeren, weniger einengenden Schuhwerk verlangten; deshalb war der Stiefel eine Zeit lang nicht mehr gefragt.

um 1900

1911

Da man sowohl in Europa als auch in Amerika nun mehr zu Fuß ging, war bequemes Schuhwerk gefragt. Farbige Anzeigen machten Werbung für praktische Extras wie etwa spezielle Gummiabsätze. Auch die Frauenrechtlerinnen begrüßten »funktionale« Schuhe.

1918

Wadenhohe Schnürstiefeletten mit Stoffeinsatz und relativ kleinem Absatz erlebten während des Ersten Weltkriegs ein Comeback. Sie waren das passende Schuhwerk für Frauen, die in der Heimat die Arbeit der Männer verrichteten, während diese an den Fronten kämpften.

1910

Sandfarbene Ziegenlederpumps mit seitlich geknöpfter Ristspange. Solche Spangenschuhe hielten beim Laufen auf Kopfsteinpflaster und beim Tanzen besser als anderes Schuhwerk.

137

EIN JAHRHUNDERT DER SCHUHE –
DIE JAHRZEHNTE IM ÜBERBLICK

Die goldenen 20er Jahre

Die Schuhmode der 20er Jahre war ein kompletter Bruch mit dem Vergangenen. Unbekannte Farben und Materialien kamen auf, und jede Saison verlangte nach einem eigenen Stil.

Die 20er Jahre begannen mit einem explodierenden Optimismus. Der Erste Weltkrieg war überstanden, die Fabriken produzierten auf vollen Touren, und die Börsenkurse kletterten unaufhörlich. Neue Schuhfabriken und -geschäfte entstanden, und maschinell hergestellte Schuhe ersetzten die Arbeit des Schuhmachers.

Die Rocksäume kletterten bis zum Knie – 1927 sogar darüber hinaus – und die Frauen verlangten nach neuen Schuhen. Der so genannte Spangenschuh mit spitz zulaufender Kappe, Ristspange und hohem geschwungenen Absatz wurde zum Klassiker der 20er Jahre. Tatsächlich gab es Pumps in zahlreichen Varianten: ohne Spange, mit hoch über den Spann gezogener Zunge, mit Schnürung, mit mehreren Ristspangen, mit T-Riemchen, mit tief ausgeschnittener Seite oder ausgeschnittenem Vorderblatt, mit Kreuzriemchen oder welche mit gerundeter oder fast eckiger Kappe; und jeder dieser Schuhe hatte seine Saison. Ein orientalisch beeinflusster Stil war zu Beginn

1920
Die Werbeanzeige spiegelt die nach dem Ersten Weltkrieg gewonnene Freiheit wider, die sich in sportlichen Aktivitäten und Bewegung in freier Natur ausdrückte. Dafür waren besondere Kleidung und solides Schuhwerk erforderlich.

1922
Kürzer werdende Röcke lenkten das Interesse vermehrt auf die Schuhe. Die Designer begannen mit verschiedenen Stoffen und Ledern, mit Formen, Farben und Kombinationen zu experimentieren, was die unten abgebildete repräsentative Modellauswahl der Zeit deutlich macht.

138

der 20er Jahre gefragt, ebenso Schlupfschuhe und Haremsslipper aus buntem Brokat.

Bei alldem musste auch der Abendschuh stabil genug sein, um der großen Begeisterung für den Tanz gewachsen zu sein. Als gegen Ende des Jahrzehnts eine gewisse Ernüchterung um sich griff, wurden die Schuhe etwas leichter und eleganter. Die Absätze wurden relativ hoch, aber es waren Blockabsätze, denn für den dünnen Bleistiftabsatz fehlten noch die technischen Voraussetzungen.

Auch Farbe spielte eine wichtige Rolle. Rote, blaue, grüne und weiße Lederschuhe und Schuhe aus goldfarbenem Ziegenleder waren beliebt; Abendschuhe wurden aus Samt in allen Farben, auch aus Seide hergestellt und man verzierte sie mit Schnallen aus Schildpatt und Perlmutt, mit rosettenartigen Bandkokarden, mit Emailleknöpfen und Ähnlichem.

Ab 1925 herrschten gedecktere Farben vor – Braun-, Beige- und Grautöne – und der neue Stil des Art déco verlangte nach geometrischen Formen und Mustern. Doch bis zum Ende der Dekade hatte sich auch das überlebt.

Auch die Herrenschuhe erlebten einen deutlichen Wandel. 1922 war ein flacher, extrem spitzer Schnürhalbschuh modern, der Shimmy-Schuh genannt wurde. Zweifarbige *Spectators* mit brauner Kappe und Ferse und weißem Mittelteil sah man in den USA ab der Mitte des Jahrzehnts, dann auch schwarzweiße Brogues. 1929 trugen modebewusste Herren dort sogar dunkelblaue Schuhe.

20er Jahre

1925
1922 hatte der Archäologe Howard Carter das Grab des Tutenchamun entdeckt, was in Europa eine Welle der Ägyptomanie auslöste. Der Abendschuh aus goldenem Ziegenleder hat eine von den Grabfunden inspirierte Intarsierung auf dem Blatt.

1929
Der Spangenpumps – mit einem oder mehreren geknöpften oder mit Schnallen geschlossenen Riemchen über dem Spann – gilt als typischer Schuh der 20er Jahre. Das hier gezeigte Modell, ein Schuh von Bally, wurde aus Brokat und goldenem Glaceeleder gefertigt.

1926
Nach dem Ersten Weltkrieg gaben die Menschen ihr Geld im Varietee oder für Tanzveranstaltungen aus. Der Brokatpumps von Bally mit der Schnalle und dem Ziegenlederbesatz ist ein typischer Ausgehschuh.

EIN JAHRHUNDERT DER SCHUHE –
DIE JAHRZEHNTE IM ÜBERBLICK

Die ernsten 30er Jahre

Während der 30er Jahre machte sich die Weltwirtschaftskrise bemerkbar, und auch die Mode mied den Exzess und spiegelte die neue Ernsthaftigkeit wider.

Die Rocksäume stiegen zunächst, aber kaum war es zum Krach an der New Yorker Börse gekommen, da reichten die Rocksäume wieder bis zur Wade. »Understatement« galt nun als elegant, und jegliche Opulenz war verpönt. Während Arbeitslose vor den Suppenküchen Schlange standen, wollte niemand sichtbar mit noch vorhandenem Reichtum protzen.

Von der neuen Rocklänge überrascht, mussten in Hollywood ganze Filme neu gedreht werden, um sie der neuen Mode anzupassen. Doch bald sollte sich zeigen, dass die Jahre der Depression eine Hausse für Hollywood waren. Der Tonfilm hatte Einzug gehalten, und die im Film vorgeführte Mode hatte mehr Einfluss als die der Pariser Modemacher. Wer sich kleidete wie die Leinwandstars, konnte der Illusion verfallen, dem eigenen tristen Alltag entfliehen zu können.

Bequeme, angenehm zu tragende Kleidung war nun gefragt. Für den Tag war das Schneiderkostüm in Mode, zu dem man

1932
Drei elegante, detailreich gearbeitete Wildlederpumps, die Preciosa für Hérault in Frankreich entwarf. Die Schuhe werteten die schlichten Kleider und selbst geschneiderten Kostüme auf, die man während der Weltwirtschaftskrise trug.

1933
Hollywoodstars wie die abgebildete Leila Hyams, hier in Palm Springs, wurden zu Vorbildern für die gut und modisch gekleidete Frau. Sie hatten bald mehr Einfluss auf die Mode Europas und Amerikas als die Couturiers in Paris.

1935
Ein Versuch, den Kunden zum Kauf eines praktischen Produkts zu verleiten: Absatzecken sollten die Schuhsohlen vor Abnutzung schützen.

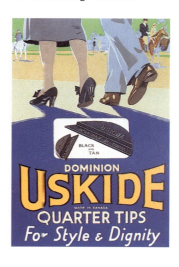

140

sachlich wirkende Schuhe bevorzugte. Die Absätze wurden daher niedriger und breiter, und bei Sandalen und Sportschuhen, die nach 1934 aufkamen, verschwanden sie ganz. Zur Freizeitgestaltung kamen knöchelhohe Stiefel wieder zu Ehren, aber auch Sandalen waren gefragt. Der Stil übertrug sich auf den Tagespumps, den man nun auch mit ausgeschnittenen Zehen und als Slingpumps sah.

Schlupfschuhe mit Kreppsohle kamen in Mode und erwiesen sich als recht robust. Auch der Abendschuh sollte mehr als eine Saison überstehen können, weshalb man sich von luxuriösen Seiden- und Satinschuhen trennte und lieber weiches Ziegenleder oder auch Wildleder wählte. Allerdings galt auch Exotisches wie Eidechsenleder als chic.

Schuhe mit Plateausohlen aus Kork kamen 1938 auf. Daneben sah man erstmals den Keilabsatz aus Kork, der am Abendschuh zuweilen ausgehöhlt oder mit Stoff bezogen und mit Zierwerk dekoriert war. Schwarz war die beliebteste Farbe für den Straßenschuh, doch auch Weinrot, Kastanienbraun und Marineblau konnten sich allmählich durchsetzen. Kurz vor Ausbruch des Zweiten Weltkriegs wurden Trotteurs aus Wildleder in einer Vielfalt bunter Farben angeboten.

In den 30er Jahren verzichteten die Herren auf ihre Stiefeletten zugunsten des schlichten Halbschuhs und des Brogue, und auch in Deutschland waren bei vielen Herren die zweifarbigen Schuhe beliebt. Auch der bequeme Schlupfschuh kam auf, und wie die Frauen wählten auch Männer als Strand- und Freizeitschuh gelegentlich die Sandale.

30er Jahre

1937
Variationen des T-Riemens, der in den 20er und 30er Jahren beliebt war. Die Beispiele von Dolcis mit ausgeschnittenen Zehen und Fersenteilen zeigen den Einfluss, den die Sandale auf die Schuhmode hatte.

1939
Der zweifarbige Brogue, in den USA »Spectator«, in Großbritannien »Co-respondent« genannt, erlangte in den 30er Jahren den Höhepunkt seiner Beliebtheit. Dass Schuhe dieses Typs vor allem vom Tänzer und Schauspieler Fred Astaire bevorzugt wurden, trug zu ihrer Popularität bei.

EIN JAHRHUNDERT DER SCHUHE –
DIE JAHRZEHNTE IM ÜBERBLICK

Der New Look

Die 40er Jahre waren vom Krieg geprägt – es herrschten Mangel und Rationierung. 1947 stellte Dior mit seinem *New Look* die Modewelt auf den Kopf.

Mit dem Einmarsch in Polen am 1. September 1939 befand sich Deutschland im Krieg. Bis 1941 anhaltende Anfangserfolge schienen den Traum vom »Großdeutschen Reich« in greifbare Nähe zu rücken, stand doch der größte Teil Europas unter deutscher Vorherrschaft. Als der Krieg sich jedoch immer länger hinzog und Siege sich in Niederlagen verwandelten, wurde für die Zivilbevölkerung aus anfänglicher Entbehrung echte Not. Mangel und Rationierung führten mehr und mehr zu einer auf das Praktische, Schlichte und Haltbare ausgerichteten Kleidung, und bald hieß die Devise »aus Alt mach Neu«.

Besonders drastisch zeigte sich der Mangel am Schuhwerk für die Zivilbevölkerung, denn Leder war schwer zu bekommen. Die schon in den 30er Jahren aufgekommenen Plateausohlen behielt man bei, obwohl sie weder eine sonderlich zweckmäßige noch eine sehr bequeme Fußbekleidung abgaben. Ihre Sohlen gestaltete man zunehmend aus Kork und

1944
Eine Konzession an die Mode wie auch an die Sommerhitze sind diese Schnürsandaletten aus Krokoleder, die in den USA hergestellt wurden. Zu ihnen gehörte vermutlich noch eine passende Tasche.

1942
Salvatore Ferragamo soll in den Kriegsjahren, als er auf der Suche nach alternativen Materialien war, den Keilabsatz aus Kork erfunden haben. Die lilafarbenen Schnürschuhe mit erhöhter Karreespitze stammen aus England.

1940
Die Frauen der amerikanischen Streitkräfte bestimmten während des Krieges den modischen Ton: Vernünftiges Schuhwerk zum Schnüren oder Schlupfschuhe mit Schnallen aus langlebigem Material waren gefragt, denn die Versorgungslage war schlecht.

142

Holz. Und auch hier wurden Erfindungsreichtum und Improvisation großgeschrieben.

Da es Seiden- oder Kunstseidenstrümpfe nicht mehr gab, trugen die Frauen zu ihren wuchtigen Trotteurs Söckchen; manch eine malte sich im Sommer sogar mit schwarzem Augenbrauenstift eine Strumpfnaht hinten auf das gebräunte Bein, um einen Strumpf vorzutäuschen. Der bereits Mitte der 30er Jahre eingeführte Keilabsatz blieb bis 1945 in Mode, doch ließ man ihn jetzt meist unbezogen.

Während des Krieges waren viele Modeschöpfer aus Paris geflohen oder hatten ihre Häuser geschlossen, doch bereits kurz nach Kriegsende kehrten sie zurück. Der damals noch unbekannte Couturier Christian Dior eröffnete 1947 seinen Modesalon in Paris und sorgte mit seiner ersten Kollektion für eine Sensation. Schmale Schultern, eine enge Taille und wadenlange, glockig weite Röcke prägten seine »Ligne Corolle«, die von der amerikanischen Presse als *New Look* bezeichnet und gefeiert wurde. Zu diesen femininen, eleganten Kleidern wollten die Plateausohlen und Keilabsätze nicht passen, wohl aber Schuhe mit flachen Sohlen und hohen, mäßig breiten Absätzen, wie sie Roger Vivier für Dior entwarf.

Dennoch herrschte allenthalben Mangel, und die neue Linie verbrauchte viel Stoff. Aber die Frauen hatten zu sehr unter den Entbehrungen der Kriegsjahre gelitten, als dass sie der Verführung durch die neue feminine Linie lange hätten widerstehen können. Die neue Eleganz, nicht zuletzt der Schuhmode, setzte sich durch.

40er Jahre

1948
Der New Look, die neue Linie der Nachkriegszeit, kündigt sich an: Die Schuhe verlieren allmählich ihre Klobigkeit; der Hut wird obligatorisch, und auch die Fuchsstola wird zu einem beliebten Accessoire zum Nachmittagskleid.

1946
Noch von der praktischen, etwas plumpen Kriegsmode geprägt ist dieser Pumps mit seidener Ristschleife von Bally. Er wurde mit großer Liebe zum feinen Detail ausgearbeitet.

EIN JAHRHUNDERT DER SCHUHE –
DIE JAHRZEHNTE IM ÜBERBLICK

Jahre des Umbruchs

Die 50er Jahre begannen mit Diors New Look und endeten mit Rock 'n' Roll. Ein Jahrzehnt, in dem der Stöckelschuh ebenso in Mode war wie der Ballerinaslipper.

Mit Diors New Look war Paris wieder zum Zentrum der internationalen Kleidermode geworden. Was jedoch die Schuhmode anbelangte, so drängten nun die italienischen Designer in die vorderste Reihe. Die leichte, elegante italienische Sandalette wurde ein wichtiges Ausfuhrprodukt des Landes, und der Wettlauf um den schlanksten und höchsten Absatz begann.

Wer den ersten Bleistiftabsatz kreierte, bleibt nach wie vor eine offene Frage. In Frankreich ebnete Charles Jourdan 1951 den Weg mit einem Absatz aus Stahl und Holz. Ab 1953 bezeichneten die Italiener ihren neuen schlanken Absatz als »Stiletto«, doch stellte Diors Schuhdesigner Roger Vivier 1955 den ersten wirklichen Stiletto aus Stahl vor. Danach gab es kaum noch Pumps ohne den hohen dünnen Bleistiftabsatz.

Seit 1955 bekämpften Givenchy und Chanel den Pfennigabsatz, indem sie niedrigere Pumps entwarfen. 1958 präsentierte auch Dior eine andere Linie und stellte Schuhe mit Keil-

1950

Mit dem schlichten Desert Boot – dem Wüstenstiefel – lancierte Clarks den ersten Kultschuh für eine junge Generation. Der bis zum Knöchel reichende schlichte Schuh war aus naturfarbenem Wildleder, hatte eine helle Kreppsohle und eine Schnürung, die beidseitig durch jeweils zwei Ösen lief.

1955

Italien hatte die elegante Riemchensandalette mit Absatz in die Mode eingeführt, doch bald gab es auch ergonomische Sandalen mit ausgeformtem Fußbett für Gesundheitsbewusste, wie dieses Exemplar von Bally.

1951

Samt, bevorzugt in dunklen Farben, war beliebt für Abendaccessoires. Der Pumps mit abgetrenntem Fersenteil und Vorderblatt war nun sehr beliebt, da er mit seinem mittelschlanken Absatz gut zu den leicht schwingenden Röcken der optimistischen Nachkriegsjahre passte.

144

absatz und T-Riemchen vor. Roger Vivier fertigte die mit Rubinen besetzten Schuhe aus goldfarbenem Ziegenleder, die Königin Elizabeth II. 1953 bei ihrer Krönung trug. Für den Abendschuh liebte man wieder reich dekorierte Seide, und Pumps schmückte man gern mit großen flachen Schleifen.

Während der 50er Jahre gelang es Dior, der Pariser Haute Couture wieder zu einer Vormachtstellung zu verhelfen. Im Gegenzug hielten italienische Hersteller große Verkaufsmessen und Wettbewerbe ab, um potentielle reiche Kunden gen Süden zu locken.

Während einerseits der Bleistiftabsatz immer höher wurde, kamen andererseits Teenager mit flachen, weit ausgeschnittenen Ballerinaslippern auf den Boden zurück. Oft wurde der Ausschnitt mit einem Gummi- oder Zugband zusammengehalten, da man die Schuhe beim Rock 'n' Roll nicht verlieren wollte. Ebenfalls beliebt waren Mokassins und Collegeschuhe, die etwas höher geschlossen waren als die Ballerinaslipper.

Die englische Jugend gefiel sich in flachen, weitschaftigen Halbstiefeletten, die zunächst eine runde, dann aber eine zunehmend spitzer werdende Kappe besaßen. Daneben war seit Beginn der 50er Jahre auch der bequeme Desert Boot auf dem Markt, der sich bei der rebellischen Jugend aber keiner besonderen Beliebtheit erfreute. Als die Kinder des ersten Nachkriegs-Babybooms ins Teenageralter kamen, begannen sie, die Mode entscheidend zu beeinflussen. Mary Quant, deren Kreationen das nächste Jahrzehnt beherrschen sollten, eröffnete 1956 ihre erste Boutique in Londons King's Road.

50er Jahre

1956
Schwarze Wildlederpumps mit runder Kappe, leichter Plateausohle, breitem Absatz und großzügig durchbrochenem Vorderblatt waren der Versuch, einen Kompromiss zwischen Sandalette und geschlossenem Schuh zu finden.

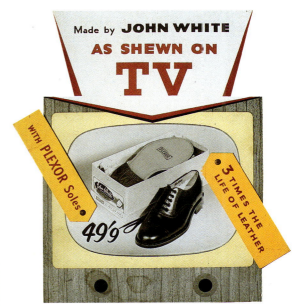

1957
Als Folge des Wirtschaftswunders in Deutschland trug man extravagante hochhackige Pantoletten mit wertvoll verziertem Blatt. Zum Laufen kaum geeignet, repräsentierten sie puren Luxus.

1959
In den 50er Jahren kamen, zunächst in den USA, neue Kunststoffe auf den Markt, für die im neuen Medium Fernsehen Reklame gemacht wurde. Sie lösten zum Teil die Ledersohle ab.

EIN JAHRHUNDERT DER SCHUHE –
DIE JAHRZEHNTE IM ÜBERBLICK

Mode von unten

In den 60er Jahren war London der Mittelpunkt des Modegeschehens. Der Straßenstil der jungen Leute bestimmte die Mode; Paris und die Haute Couture waren passee.

Die Jugend begehrte in den 60er Jahren gegen gesellschaftliche und politische Missstände auf, es kam zu Studentenunruhen vor allem in Frankreich und Deutschland, aber auch in Amerika, wo sich erste Proteste gegen den Vietnamkrieg erhoben. Junge Designer wie Mary Quant in London versuchten, mit den rasch wechselnden Ideen der Jugendkultur Schritt zu halten. Die Mode wurde vom Kunden bestimmt, nicht von den Couturiers. Auf ihrer Suche nach dem, was modisch im Trend lag, orientierten sich die Ladenketten an Mary Quant, nicht an den Pariser Modeschöpfern. Die Mode war den Händen der Etablierten entglitten; die Jugend und ihre Leitbilder – vor allem Popstars – bestimmten nun, wo es modisch langging. Die Beatles machten den knöchelhohen Chelsea-Stiefel mit seinen Elastikeinsätzen und seinem kleinen Blockabsatz als Beatle Boot zu einem kommerziellen Erfolg. Wildleder in allen Farben war für Herrenschuhe beliebt. Frauen, die allerorten

1961
Der Stahlstift, der in den 50er Jahren als Absatzverstärkung für Stöckelschuhe eingeführt worden war, machte die Entwicklung immer höherer und immer schlankerer Absätze möglich. Vorreiter waren die italienischen Designer Ferragamo und Perugia. Dieses Modell eines Stöckelschuhs mit Gobelinmuster stammt von der Firma Bally.

1962
In Federico Fellinis Film *Das süße Leben* steigt Anita Ekberg mit ihren extravaganten Satinstöckeln in der Hand in den Trevi-Brunnen. Mehrfach spielten Schuhe bis dahin eine wichtige Rolle in einem Film, oft hat der Film sogar einer bestimmten Schuhmode zum Durchbruch verholfen. Das hier gezeigte Exemplar ist ein Stiletto des italienischen Designers Bruno Magli.

1965
Als Hosen für Frauen Akzeptanz gefunden hatten, waren bequeme Schlupfschuhe mit niedrigem Blockabsatz, wie dieser Schnallenpumps von Bruno Magli, eine ideale Ergänzung dazu. Glänzendes Lackleder, das den so genannten »Wetlook« hervorbrachte, war ein weiterer Trend der Zeit.

146

kurze Röcke trugen, wählten dazu Pumps mit kleinem niedrigem Absatz; Trägerinnen superkurzer Miniröcke gefielen sich in einem Schulmädchenlook mit flachen Spangenschuhen, zu denen sie lange weiße Söckchen trugen.

Doch die Pariser Couturiers waren nicht ganz von der Bildfläche verschwunden. Der meistkopierte Pumps der Zeit war Roger Viviers »Pilgerpumps« mit der großen rechteckigen Metallschnalle. Als die Lederpreise stiegen, griff man auf Kunststoffe zurück, mit denen der beliebte Wetlook Einzug hielt. Vivier, Levine und Miller experimentierten mit durchsichtigem Plastik, während Yves Saint Laurent Krokoimitat populär machte. Ab 1964 beeinflusste die Weltraumtechnik die Modemacher. Der so genannte Astronauten- und Weltraumlook definierte sich durch Silber, Lack in kräftigen Farben und durch streng geometrische Formen.

André Courrèges führte 1964 flache, glänzende weiße, Stiefeletten ein. Mary Quant variierte diese Idee, indem sie Stiefeletten aus Plastik schuf, und Vivier entwarf für Yves Saint Laurent schenkelhohe Stiefel aus Krokoimitat.

Kniehohe, möglichst eng anliegende Stiefel wurden mit Miniröcken kombiniert und imprägnierte Leder und Stoffe setzten sich allmählich gegen Leder oder Plastik durch.

Nach 1967 kam mit der Hippiewelle eine farbenfrohe, fließende, unkonventionelle Mode auf, die vor allem von traditionellen Kleidungsstilen Asiens, Indiens, Afrikas und Südamerikas geprägt war und zu der man im Sommer Sandalen aller Art trug. Der Pumps hatte ausgedient.

60er Jahre

1966

Miniröcke ließen viel Bein sehen und gaben Stiefeln die Gelegenheit, sich in aller Verrücktheit zu präsentieren. Hier ein Paar Stiefel mit Zebrastreifen, hergestellt in den USA.

1965

In den 60er Jahren hießen die Models noch Mannequins und spielten die Rolle anonymer Kleidervorführerinnen. Rechts im Bild steht Coco Chanel in einem ihrer selbst entworfenen Kostüme; die Frauen neben ihr tragen Slingpumps.

1969

Gegen Ende des Jahrzehnts kündigte sich mit den dicker werdenden Sohlen die Rückkehr der Plateausohle an. Eine originelle Variante stellt der hier abgebildete Schuh aus den USA dar, der mit einem breiten Knöchelriemen, einem klotzigen Absatz und einem kleinen, rot abgesetzten Plateau unter der Sohle aufwartet.

EIN JAHRHUNDERT DER SCHUHE –
DIE JAHRZEHNTE IM ÜBERBLICK

Jahrzehnt der Vielfalt

Die Mode der 70er Jahre wird wegen ihrer Vielfalt, ihrem androgynen Stil und ihren kühnen Plateauschuhen in Erinnerung bleiben.

Die 70er Jahre waren, was die Mode betrifft, das bisher demokratischste Jahrzehnt. Nicht nur wurde die Mode legerer, sie ließ auch viel individuellen Freiraum. Neben dem Minirock und den Hotpants gab es den Maxi- und den Midirock. Für Unentschiedene hielt man den Minirock mit Maximantel bereit oder hoch geschlitzte Midiröcke. Hosen, vor allem Hosenanzüge, etablierten sich als anerkannte Damenkleidung, und auch diverse Ethnolooks hatten ihren Auftritt. Besonders starken Einfluss übte nach 1977 die aus England auf den Kontinent überschwappende Punkszene aus, die eine betont antibürgerliche bis paramilitärische Einstellung vertrat. Aus ihr entwickelte sich der Military- und Fetzenlook, der bis zum Ende der Dekade für Furore sorgte.

Neben der sehr stark von der Jugend beeinflussten Mode bestand nach wie vor eine konventionellere Mode, doch gerade zu Beginn der 70er Jahre hatte in punkto Schuhmode die

1972

Aufregende Materialien und Muster waren typisch für die 70er Jahre. Der hier abgebildete Stiefel hat einen Seitenreißverschluss, damit er eng anliegen konnte. Hergestellt wurde das Modell in Kanada.

1974

Die Designer experimentierten mit neuen Materialien und kamen mit verblüffenden Entwürfen auf den Markt. Ein originelles Beispiel ist diese Pantolette mit Plexiglasabsatz und einem Blatt aus Weichplastik.

1975

Mitte der 70er Jahre teilte sich die Mode in zwei entgegengesetzte Richtungen. Einerseits ging man den funktionalen Weg mit konventionellen Schnürschuhen, andererseits experimentierte man mit der Plateausohle. Das abgebildete Paar soll vom Rockmusiker Elton John getragen worden sein.

148

traditionell orientierte Dame kaum eine Chance, etwas Geeignetes für sich zu finden: Die Plateausohle regierte allenthalben – bei Sandalen, Halbschuhen, Pumps und Stiefeln – und die Welle ebbte nur langsam ab. Beliebt war sie vor allem bei Rockstars, die in ihren mehr als 15 cm hohen silbernen Glitzerplateaus auf die Bühne staksten.

Zu den knappsten Hotpants trugen Frauen Stiefel, die bis zum Oberschenkel reichten. Sie waren bunt bedruckt, appliziert oder mit Lederblumen geschmückt. Patchworkstiefel in Farben, die man anfangs noch für unvereinbar hielt, waren große Mode, seit Yves Saint Laurent 1976 Rot, Lila, Orange und Rosa bei seinem Edelbäuerinnenlook gemischt und mit einem Tupfen leuchtendem Grün abgerundet hatte.

Mitte der 70er Jahre führte die Ölkrise zu einer weltweiten wirtschaftlichen Depression und ein konservativerer Stil begann sich durchzusetzen. Kleider, die mehr als eine Saison tragbar blieben, waren gefragt. Frauen, vor allem die berufstätigen, trugen bequeme flache Pumps mit oder ohne Spange. Einige entdeckten auch den Cowboystiefel, nachdem Karl Lagerfeld ihm bei einer Chloé-Kollektion die höheren Weihen verliehen hatte.

Die Vielfalt der Stile und Möglichkeiten führte zu einer gewissen Orientierungslosigkeit. Um 1977 schlossen sich viele junge Leute der Bewegung der Punks an und kleideten sich absichtlich provokant. Beliebtes Schuhwerk waren die schweren Doc-Marten-Stiefel, die schnell zum Symbol städtischer Rebellion wurden.

70er Jahre

1976
Nostalgie war ein anderes Charakteristikum der 70er Jahre. Der Pumps erinnert mit seiner Plateausohle, seiner ausgeschnittenen Kappe und dem wuchtigen Absatz an den Glamour der 40er Jahre.

1976
Eine neue Generation von Designern orientierte sich an der Architektur. Abgebildet ist ein vom Brückenbau inspirierter Plateauschuh mit aufgenieteten Wildlederkappen; entworfen vom niederländischen Designer Jan Jansen.

1976
Vor allem in den USA erfreute sich der Plastikschuh größter Beliebtheit. Abgebildet ist ein transparenter Schnürhalbschuh, der in Mexiko für den kanadischen Markt hergestellt wurde.

EIN JAHRHUNDERT DER SCHUHE –
DIE JAHRZEHNTE IM ÜBERBLICK

Designerlabels

Die 80er Jahre waren das Jahrzehnt der Designer. Das wichtigste Modeaccessoire dieser Jahre war das richtige und deutlich zur Schau gestellte Designerlabel.

Wer in den 80er Jahren Erfolg haben wollte, musste Designermode tragen. Dabei kam es weniger auf die Qualität oder das Aussehen an als vielmehr auf das Markenzeichen. Dieses musste deutlich sichtbar sein – und das nicht nur bei der Kleidung, sondern auch bei anderen Accessoires wie beispielsweise Uhren, Sonnenbrillen, Handtaschen, Gürteln oder Tüchern. Keine Jeans, kein T-Shirt, keine Bluse, kein Hemd und keinen Skianzug gab es ohne mehr oder weniger diskret angebrachtes Markenzeichen. Die Vorlieben der Käufer variierten dabei je nach Land. In Deutschland begeisterte man sich vor allem für die Mode von Boss, Joop und Jil Sander.

Der 1988 bei einem Verkehrsunfall in Italien ums Leben gekommene Manfred Schneider hat bei einem seiner letzten Entwürfe, einem eleganten Bermudaanzug, diesen Markenkult witzig aufs Korn genommen, denn die Jacke seines Anzugs ist mit Designernamen von Armani bis zu Versace verziert.

1980

Die knöchelhohe Stiefelette, die man früher zu langen Röcken und Hosen trug, wurde jetzt auch für eine kürzere Mode entworfen.

1981

Der Wetlook, der bereits in den 60er Jahren beliebt war, bekam durch knallige Farben zusätzlichen Pep. Hier abgebildet ist ein Stiefel in der gewagten Kombination von Rot und dunklem Pink mit mäßiger Plateausohle; entworfen von Georgis Moretti.

1980

Manche Designer versuchten, unterschiedlichste Stile zu vereinen. Giorgis Moretti entwarf diesen eleganten Wildlederpumps, der von einer Seite hoch schließend erscheint und von der anderen Seite den tiefen asymmetrischen Ausschnitt betont.

150

Die Zurschaustellung des Firmennamens war Teil einer Revolution im Modewesen. Die großen Modehäuser konnten nicht länger davon existieren, dass sie für eine exklusive Klientel arbeiteten – dieser Markt war zu klein. Sie mussten stattdessen Prêt-à-porter-Mode vorstellen und auch den Bereich der Accessoires mit einbeziehen. Charles Jourdan, der große französische Schuhhersteller, fasste in den 80er Jahren auf dem amerikanischen Markt Fuß; viele italienische Schuhfirmen folgten, und bald gab es in den großen Kaufhäusern – auch in Europa – den »Laden im Laden«, die bestimmten Designern vorbehaltenen Ecken oder Etagen.

Der Schuh des Jahrzehnts war der schlichte schwarze Pumps, der manchmal mit einer Schnalle verziert war. Gegen Ende der Dekade kamen wieder Farben auf, allerdings in gedeckten Tönen. Auf den Pumps sah man Schleifen und Rosetten aus Chiffon und später auch Absätze, die mit Steinen und Strass dekoriert waren.

Da in den 80er Jahren Jogging, Aerobic, der Besuch eines Fitnesscenters und die Sonnenbank zum Trend wurden, sah man plötzlich überall Menschen in Tennis- oder Trainingsschuhen herumlaufen. Wie bei der Kleidung war auch bei den Sportschuhen das Label von größter Wichtigkeit. Ein Reebok musste es mindestens sein, wenn nicht ein Nike, Fila oder Puma. Als auch Pierre Cardin Tennisschuhe herausbrachte, erwies sich das als Flop. Es musste eines der berühmten Sportlabels sein – oder gar nichts.

80er Jahre

1985
Der klassische Chanel-Schuh mit scharzer Kappe und beigefarbenem Korpus blieb in Mode, wurde aber in immer neuen Varianten angeboten. Der Slingpumps mit spitzer Kappe war besonders bei Geschäftsfrauen in den frühen 80er Jahren beliebt.

1986
Schwere Stiefel, wie etwa der Doc Marten, gehörten zum Outfit der gegen das Establishment rebellierenden Punks. Doch was als Protest gegen die Mode gedacht war, wurde allmählich selbst zur Mode, die vor allem unter Jugendlichen großen Anklang fand.

1989
Die Hersteller von Sport- und Trainingsschuhen experimentierten mit den Errungenschaften des Hightech. So wichtig die Technologie auch war, so suchte der Kunde doch ebenso das Designerlabel, um es sichtbar zur Schau tragen zu können.

151

EIN JAHRHUNDERT DER SCHUHE –
DIE JAHRZEHNTE IM ÜBERBLICK

Zurück in die Zukunft

In den 90er Jahren schienen die Designer lediglich ihre eigenen Ideen zu recyceln und »Retro« zu einer eigenständigen Mode zu machen.

In den 90er Jahren konnte man jeder Modeströmung, die es seit Beginn des 20. Jahrhunderts gegeben hatte, wieder begegnen; wirklich Neues wurde dagegen nicht vorgestellt. Vivienne Westwood und Jean Paul Gaultier brachten ein weiteres Mal – und wie sich gegen Ende der 90er Jahre zeigen sollte, sehr erfolgreich – die Plateausohle ins Spiel. Vivienne Westwood machte sogar das Schnürkorsett wieder populär, das sie nun aber über der Kleidung zu tragen empfahl oder als Oberteil an sich.

Im Großen und Ganzen konnten die Frauen aus allen Stilen aller Epochen dieses Jahrhunderts das auswählen, was ihnen am besten gefiel; alles war irgendwo vertreten: Es gab bequeme Schlupfschuhe mit niedrigem Absatz, Pennyloafer, Mokassins, Stilettos als geschlossenen Schuh oder Sandalette, ebenso Keilabsätze oder moderate breitere Absätze. Sämtliche Schuhe waren in einer breiten Palette von Ledern, Wildledern und Stoffen in vielen Farben zu haben.

1992

Da es schwierig war, für den konventionellen Schuh neue Formen zu finden, wandte sich der Blick zurück. So kam der Chelsea der 60er Jahre wieder zu Ehren.

1990

In den 90er Jahren waren Sport- und Trainingsschuhe ein bevorzugtes Objekt für Designer. Sie entwarfen immer aufwendiger skulptierte Formen für Schuhe, die weniger in der Sporthalle als vielmehr auf der Straße getragen wurden.

1993

»Natur« lautete der Name der ergonomischen Sandale von Dr. Scholl, deren Innovation lediglich im asymmetrischen Design bestand. Das wachsende Umweltbewusstsein machte Schuhwerk dieser Art plötzlich wieder modisch akzeptabel.

152

Noch immer spielte in gewissen Kreisen der Name eine Rolle. Begehrt waren Markennamen wie Gucci, Louis Vuitton, Escada, Donna Karan, Moschino, Versace und Pollini. Bei den Sportschuhen sah es nicht anders aus als in den späten 80er Jahren. Ein Globetrotter, der was auf sich hielt, trug Halbstiefel von Timberland, CATS, Campers, Big Rigg oder anderen. Auch Nike, Fila, Adidas und Puma erfreuten sich mit ihren Sport- und Trainingsschuhen nach wie vor größter Beliebtheit. Sie dankten es den – zumeist jungen – Kunden mit immer stärker skulptierten, immer bunteren Trainingsschuhen. Stiefel zeigten sich von einer Wuchtigkeit wie niemals zuvor.

Zu den ganz Großen unter den Schuhdesignern zählte in den 90er Jahren Manolo Blahnik. Aber auch junge Schuhdesigner wie Emma Hope, Patrick Cox und Jimmy Choo machten sich einen Namen.

Auch technologisch gab es viele Neuerungen: Synthetische Materialien wie Mikrofaser, Stretchstoffe und andere Synthetics wurden gern und sehr effektvoll eingesetzt. Zudem hat die Technik die Fertigungsprozesse beeinflusst und verbessert. Heute wird mit Hilfe von Computern zugeschnitten, genäht, geklebt und dekoriert. Der Massenmarkt wird effektvoll wie nie zuvor bedient, vor allem, weil sich Asien als wichtiger Billigproduzent hervorgetan hat.

90er Jahre

1995
Um die Mitte des Jahrzehnts bildete sich allmählich ein einheitlicher Stil aus. Der abgebildete Schuh verbindet Elemente des Sportschuhs mit einer kontrastierenden Plateausohle und einem hohen Absatz.

1996
Der klobige Doc Marten hat seinen Weg in die Jugendmode gefunden und wird mit Netzstrümpfen und mit kurzen Röcken kombiniert.

1997
Riemchensandaletten mit Keilabsatz und floraler Dekoration erlebten ein sensationelles Comeback, als sie von Prada präsentiert wurden. Chanel hingegen brachte den Stöckelabsatz wieder ins Gespräch.

153

EIN JAHRHUNDERT DER SCHUHE –
DIE JAHRZEHNTE IM ÜBERBLICK

Das Jahr 2000 und die Zukunft

Studenten des Cordwainers College in London, an dem viele der heutigen großen Designer ausgebildet wurden, wagen einen Blick in die Zukunft.

Als Manolo Blahnik gefragt wurde, welche Schuhe man wohl im nächsten Jahrtausend tragen werde, antwortete er: »Ein guter Hut, ein gutes Paar Schuhe und ein gutes Kleid werden immer ein guter Hut, ein gutes Paar Schuhe und ein gutes Kleid bleiben. Die Menschen werden letztlich auf Qualität bestehen, Qualität und nochmals Qualität. Wir werden uns lossagen von dem Mistkram und zu den guten Dingen zurückkehren.«

Auf allen Ebenen des Marktes wünschen die Menschen Markennamen auf ihren Schuhen zu sehen; wenn nicht von den ganz großen Firmen, so wenigstens von den kleineren.

Im Laufe des 20. Jahrhunderts wurde die Kleidung immer legerer. Selbst der moderne Herrenanzug ist viel bequemer geworden als seine Vorläufer in früheren Jahrzehnten. Als Teil dieses Lockerungsprozesses hat sich vor allem der Sportswear durchgesetzt. In einer Gesellschaft, in der die Menschen bedeutend mehr Freizeit haben als früher und ihnen viel mehr Möglichkeiten zu sportlichen Aktivitäten geboten werden, wird der Sportschuh innerhalb und außerhalb der Betäti-

Zeitgenössische Architektureinflüsse zeigt die von Behnaz Kanani entworfene blau-grüne Pantolette.

Joanna Whiteheads kühn geschwungener Keilabsatz verbindet sich mit einer runden Kappe und Knöchelriemen zu einem nostalgischen Rückblick. Die Glasperlen verleihen dem Schuh Glamour.

Ein neuer Verschluss: Rachel Innes verwendet metalldurchwirkten Stoff, der den Fuß durch eine Art Federung hält.

Klassischer Lederschnürschuh in ausgefallener Ausführung mit einem Blatt aus Stoff mit Hahnentrittmuster; entworfen vom Japaner Masahiro Wakabayashi.

154

gungsfelder der Sportler seinen Platz behaupten. Er wird sich zu einem sportlichen Freizeitschuh entwickeln, der unterschiedlichsten Ansprüchen gerecht wird – ein Schuh, der aus fußgesunden Materialien gefertigt ist und möglichst viel Bequemlichkeit mit hoher Strapazierfähigkeit verbindet. Er wird ein flexibles Oberteil aus einem Netzmaterial haben, das dem Fuß zu atmen erlaubt, ein gut ausgeklügeltes Schnürsystem, vielleicht auch Klettverschlüsse und stark konturierte Sohlen.

Der Entwurf hoch spezialisierter Schuhe für neue Sportarten hat auch die Entwicklung neuer Materialien und neuer Konstruktionsmethoden begünstigt. Der Trend zum Sportswear hat damit zu tun, dass die Menschen ihre Freizeit mehr und mehr in freier Natur verbringen. Der moderne Schuhkäufer ist jedoch auch von den Möglichkeiten der Technik fasziniert und möchte sie auch bei seinen Schuhen eingesetzt wissen. Schuhverkäufer müssen Spezialkurse bei den Herstellern absolvieren, um die Fragen der Kunden beantworten zu können.

Auch das wachsende Umweltbewusstsein der Menschen kommt bei der Fußbekleidung zum Tragen. Es wird immer mehr Druck auf die Hersteller ausgeübt, ökofreundliche Materialien zu verwenden und Energie sparende Fertigungsmethoden einzusetzen. Auch eine wachsende Zahl von Vegetariern und Veganern sucht inzwischen nach vernünftigen Alternativen zum Lederschuh.

In Zukunft wird man festere, haltbarere Materialien und auch neue Kunststoffe entwickeln, wobei Wasserdichtheit und Schmutzresistenz im Vordergrund stehen werden – egal, ob die Schuhe nun aus natürlichen oder künstlichen Materialien hergestellt sind. Der zunehmende Einsatz des Computers bei der Fertigung wird dazu führen, dass sich der Massenmarkt verändert. Computergesteuerte Fertigungsmaschinen werden individuelle Schuhe herstellen können, die den exakten Maßen des Kunden entsprechen. Farbe und Zierrat der Schuhe können dabei nach persönlichem Geschmack bestimmt werden.

In Anbetracht der technischen Voraussetzungen und der Möglichkeiten, die der Welthandel den Herstellern inzwischen bietet, scheint die Basis für eine fantasievolle, originelle Zukunft geschaffen worden zu sein.

Klassische bequeme Pantolette von Betty Almond aus blauem Stoff, der mit einem losen Netz aus Silberfaden überzogen ist.

Auch Sohlen können interessant sein, wenn man sie durch Farbe betont; ein Entwurf von Betty Almond.

Angela Martis Sandalen aus rotem Samt sind von japanischer Kunst und Kalligrafie inspiriert.

155

Register

A

Abendschuh 6, 10, 36–49, 74, 77, 114, 136, 137, 139, 141, 145
    Abendpantolette 135
    Abendsandalette 48, 60, 64, 65, 70, 71, 75
    Abendstiefel 113
Abington Shoe Company 116
Absatz 14, 23, 25, 28, 30, 35, 39, 43, 48, 50, 52, 53, 56, 57, 59, 61, 65, 66, 67, 69, 70, 74, 75, 77, 79, 81, 86, 106, 111, 133, 136, 139, 141, 144
    Absatzecke 140
    Absatzverstärkung 146
    Bleistiftabsatz 21, 24, 43, 44, 45, 50, 53, 57, 59, 60, 61, 114, 115, 135, 139, 144, 145
    Blockabsatz 35, 45, 61, 65, 74, 110, 112, 113, 117, 139, 146
    Bobine-Absatz 6, 9, 14, 15, 16, 21, 33, 39
    geschweifter Absatz 53
    Holzabsatz 132
    Keilabsatz 11, 20, 43, 45, 56, 66, 68, 69, 70, 72–83, 135, 141, 142, 143, 144, 152, 154
    Kommaabsatz 44, 57
    Korkenzieherabsatz 59
    Louis-quinze-Absatz 12, 53
    Metallabsatz 60
    Pfennigabsatz 41, 50, 56, 60, 61, 133, 144
    Plexiglasabsatz 148
    Prismaabsatz 52, 58
    Pyramidenabsatz 44
    Spulenabsatz 24
    Stahlstift 57
Adidas 126, 127, 128, 153
Aerobicschuh 127
Ahrens, Christian 25
Air Jordan 127
Alaia, Azzedïne 47
All Star 125

B

Almond, Betty 155
Armani, Giorgio 19
Astronautenlook 147
Automok 97, 98
Azagury, Joseph 25, 54–55

Badeschuh 130
Ballerinaslipper 35, 74, 98, 144, 145
Ballettschuh 32
Ballschuh 14, 26
Bally 15, 17, 33, 35, 42, 57, 59, 77, 87, 88, 98, 112, 114, 115, 139, 143, 144, 146
Balmain, Pierre 24, 47
Balmoral 111
Barker 88
Basketballschuh 124, 125, 127 ·
Bass, G. H. 98
Beatle Boot 114, 146
Beene, Geoffrey 16
Bella, Della 12
Beltrami 61
Bendal, Henri 98
Bentivegna 43
Biba 25, 80
Big Rigg 153
Birkenstock 62, 71, 130, 132
Blahnik, Manolo 11, 28, 30–31, 35, 36, 46, 61, 130, 153, 154
Blass, Bill 11, 16, 46
Bleistiftabsatz 21, 24, 43, 44, 45, 50, 53, 57, 59, 60, 61, 114, 115, 135, 139, 144, 145
Blockabsatz 35, 45, 61, 65, 74, 110, 112, 113, 117, 139, 146
Bohan, Marc 49
Bootsschuh 96, 97, 98, 99, 102, 103
Boss, Hugo 150
Bourke 121
Box, Joseph 17
Brogue 84, 86–93, 120, 139, 141

Bucci 15
Bufarini, Luigi 77
Buie, Juli 120

C

C. H. Hyer & Sons 110
Caliga 64, 70
Cammeyer 39
Campers 153
Caovilla, René 23, 25, 46
Capucci 23
Cardin, Pierre 133, 151
Casely-Hayford, Joe 25, 80
CATS 153
Catskill Mountain Moccasins 102, 103
Chanel, Coco 12, 15, 16, 20, 22, 24, 42, 47, 64, 65, 66, 98, 100, 144, 147, 151, 153
Chapine 52
Chelsea-Stiefel 113, 146, 152
Cherokee 81
Chloé 149
Choo, Jimmy 25, 35, 49, 60, 153
Chopine 14, 74, 75, 80
Chucks 124, 125
Church 88, 90, 91
Clark, Nick 129
Clarks 129, 130, 144
Clergerie, Robert 46, 67
Clog 72–83
Cocteau, Jean 47, 49
Collegeschuh 22, 145
Conran, Casper 49
Converse All Star 124, 125
Courrèges, Ancré 114, 147
Cowboystiefel 108, 109, 110, 117, 120, 121, 149
Cox, Patrick 11, 25, 35, 71, 100–101, 102, 153

D

Dalí, Salvador 43, 47
Dassler, Adolf 128

REGISTER

Dassler, Rudolf 128
Deja Shoe 131
Del Co 57
Delamanette 24
Delecta 47
Della Valle, Diego 98
Delman, Herman B. 10, 21, 44, 49,
　59, 75, 77, 83
Derbyschuh 86–93
Desert Boot 129, 130, 145
Diesel 130
DiMeola, Domenick 92
Dior, Christian 11, 21, 24, 33, 34,
　41, 44, 45, 50, 53, 56, 69, 142,
　143, 144, 145
DKNY 130
Doc Martens 116, 118, 119, 128,
　129, 149, 151, 153
Dodge Footware 132
Dolce & Gabbana 81
Dooner, Paul 132
Dooney & Bourke 103, 121
Dr. Martens 128
Dr. Scholl 130, 132, 152
Dudley, William J. 92
Duffy, Lawler 80

E

Ecco 131
Eco Sneak 132
Edouards 122
El Presidente 108
Envirolite 132
Escada 153
Espadrilles 65
Evins, David 11, 16, 24, 46, 67, 70,
　80

F

Farhi, Nicole 130
Fath, Jacques 110
Ferragamo, Fiamma 71
Ferragamo, Salvatore 10, 11, 17, 20,
　21, 24, 36, 56, 59, 65, 66, 67,
　68–69, 71, 77, 79, 114, 133,
　142, 146
Festrier, Joseph 67
Fetischschuh 66, 104, 121
Fila 126, 127, 151, 153
Flett, John 25
Florsheim 87, 91, 103
Florsheim, Milton 87

Fluegvog, John 81
Fontana, Sorelle 23
Ford, Tom 90
Freed 32
Freizeitschuh 122, 141
Frizon, Maud 11, 46, 47
Funk, Herbert 118
Fußballschuh 126

G

Galliano, John 80, 100
Gamain, Pierre 24
Gamasche 111
Gatto 91
Gaultier, Jean Paul 121, 152
Genesco 41, 75
Gesundheitsrisiken 60
Gesundheitsschuh 130
Geta 74
Gibb, Bill 25
Gil, Robert 15
Gillie 86
Giorgini, Giovanni Battista 23
Givenchy, Hubert de 23, 24, 46, 47,
　144
Go-Go-Stiefel 114, 115, 117
Golfschuh 23
Gondelschuh 80
Goodyear-Rahmen 90
Greco 113
Grenson 88
Griggs, Bill 128
Grosvenor 97
Gucci, Guccio 11, 90, 100, 101,
　120, 153
Gucci, Maurizio 90
Gucci-Slipper 94, 98, 135
Gummisohle 124
Gummistiefel 106

H

Halbschuh 141, 149
Halpern Joan 11, 22, 46
Halpern, David 46
Hamnett, Katherine 25, 100, 103
Havilland, Terry de 79, 121, 134
Hempel, Anouska 49
Hérault 20, 21, 140
Herstellung von Schuhen 6, 7, 8,
　9–11
　computergesteuert 155
Heyrault 66

Hightech-Design 126
Holmes 47
Holzschuh 29, 72, 74, 77
　Holzpantine 132
　Holzsandale 52, 65
Holzsohle 130, 133
Hope, Emma 23, 25, 35, 102, 153
Hulanicki, Barbara 80
Hush Puppy 103, 129, 130, 131

I

Innes, Rachel 154

J

Jackson, Betty 25
James, Richard 100
Jansen, Jan 11, 81, 82, 149
Joan & David 22, 33, 46, 48, 91,
　103, 120, 121, 134
Joggingschuh 126
John, Elton 80, 128, 148
Johnston & Murphy 9, 92–93
Johnston, James 92
Jones, Allan 53, 57
Joop 150
Jourdan 16, 40–41, 42, 48, 56, 59,
　61, 67, 144, 151
Julian, Alexander 121

K

Kanani, Behnaz 154
Kapkap 52, 74
Kappe 23, 24, 25, 42, 45, 57, 59,
　61, 86, 88, 102, 112, 113, 115,
　116, 119, 120, 133, 138, 149
Karan, Donna 19, 35, 153
Kawabuko, Rei 83
Keilabsatz 11, 20, 43, 45, 56, 66,
　68, 69, 70, 72–83, 135, 141,
　142, 143, 144, 152, 154
Kimo-Sandale 67
Kinderschuh 131
Klompen 72
Knöchelriemenpumps 38, 43,
　55
Knöpfstiefel 39, 115
Knopfstiefelette 111, 112, 136
Kommaabsatz 44, 57
Korkenzieherabsatz 59
Kreppsohle 141, 144
Krinoline 9, 76, 137
Krizia 18

157

REGISTER

L

Label 150, 151
Lacroix, Christian 46
Lagerfeld, Karl 130, 149
Lamplighters 21
Laufschuh 126
Lauren, Ralph 83, 121
Lawler, Nicola 80
Leavitt Penny Loafer 98
Leder, verschiedene 42
Leistenmaschine 9
Leoni, Parlo 90
Levine, Beth 11, 70, 77, 132, 133,
    147
Levine, Herbert 11, 35, 45, 70, 71,
    90, 133, 147
Loafer 94, 98, 102, 103
Loakes 88
Lobb of St. James's 84, 89
Lochverzierung 54, 84, 86, 88
Louboutin, Christian 11
Louis-quinze-Absatz 12, 23, 53
Luftpolstersohle 118, 119

M

Maertens, Klaus 118, 128
Magli, Bruno 11, 15, 21, 91, 115,
    120, 121, 135, 146
Mancini, René 24, 47
Manfield and Sons 17
Marciano, Georges 121
Markennamen 153, 154
Marti, Angela 155
Massaro, Raymond 66
Master John 117
Mazza, Samuele 35
McLaren, Malcolm 76
Meyer, Gene 131
Michelle, Anne 61
Militarylook 130, 148
Miller, Israel 16, 21, 70, 147
Minilook 114
Minnetonca Moccasins 97
Mocatan Loafer 130
Model, Philip 25
Modestile
    Astronautenlook 147
    Fetzenlook 148
    Militarylook 130, 148
    Minilook 114
    New Look 34, 44, 56, 66, 69,
    142, 143, 144

Punklook 76
Retrolook 135, 152
Weltraumlook 147
Young Look 23
Mokassin 94–103, 145, 152
Moke, Johnny 134
Montana, Claude 47
Moore, Johnny 12
Moretti, Giorgis 150
Motorradstiefel 116, 117
Muir, Jean 25
Mule 26
Murphy, William H. 92

N

New Look 34, 44, 56, 66, 69, 142,
    143, 144
Nicklish French 84
Nike 125, 126, 127, 151, 153

O

Oben-ohne-Schuh 70, 132, 133
Oldenburg, Claes 125
Oldfield, Bruce 49
Oxfordschuh 84, 86–93

P

Palter Shoe Company 15
Pantoffel 26, 33, 34, 35, 77, 88
    türkischer 66
Pantolette 11, 23, 26–35, 67, 132,
    135, 145, 154, 155
Pennyloafer 92, 94, 97, 98, 100,
    152
Perugia, André 10, 16, 17, 20, 36,
    42, 43, 45, 49, 56, 59, 64, 65,
    67, 70, 113, 132, 133, 146
Pfeifenkopf 9, 14, 111
Pfennigabsatz 41, 50, 56, 59, 60,
    61, 133, 144
Pfister, Andrea 11, 18–19, 26, 34,
    50, 70, 71, 133, 134, 135
Picasso, Paloma 80
Pinet-Absatz 9
Plastikschuh 149
Plateauschuh 49, 52, 80, 148, 100
    Plateausandalette 68, 77, 79–81
Plateausohle 20, 25, 35, 44, 45, 46,
    48, 56, 61, 65, 67, 70, 72–83,
    88, 115, 117, 134, 135, 141,
    142, 143, 145, 147, 148, 149,
    152, 153

Poiret, Paul 9, 16, 33
Pollini, Armando 25, 153
Prada 83, 101, 153
Prada, Mario 58
Prada, Muccia 58
Preciosa 20, 140
Prismaabsatz 52, 58
Promenadenschuh 136
Puma 126, 127, 128, 151, 153
Pumps 8, 20–25, 36, 40, 41, 44,
    45, 46, 47, 54, 57, 58, 59, 60,
    61, 65, 66, 67, 71, 76, 77, 88,
    103, 134, 136, 137, 138, 143,
    144, 147, 149, 151
    siehe auch Slingpumps, Stiletto,
    Stöckelschuh
Punklook 76

Q

Quant, Mary 76, 114, 145, 146,
    147
Queen Alexandra Shoes 112
Quillwork 96, 98

R

R. Giggs & Co. 118
Raphael 59
Rayne 24, 46, 66
Red or Dead 71
Reebok 125, 127, 128, 151
Remi, Suzanne 44
Renta, Oscar de la 11, 16, 46
Retrolook 135, 152
Riemchensandale 19, 22
Ristspange 39, 136, 138
Robinson, Raymond 92
Rocha, John 100
Roots 128
Rossetti, Fratelli 91
Rossi, Luigino 46
Rossimoda 47, 60, 61
Russell & Bromley 59
Rykiel, Sonia 47

S

Sabot 29
Saddle dandy 109
Saint Laurent, Yves 23, 46, 60, 117,
    147, 149
Sandale 19, 20, 42, 43, 62–72, 77,
    81, 83, 98, 104, 113, 114, 141,
    144, 147, 149, 152, 155